Préparation des enfants à la transition entre l'education et la formation tout au long de la vie et l'école primaire

Boinett Florence Jepkogei

Préparation des enfants à la transition entre l'éducation et la formation tout au long de la vie et l'école primaire

ScienciaScripts

Imprint

Any brand names and product names mentioned in this book are subject to trademark, brand or patent protection and are trademarks or registered trademarks of their respective holders. The use of brand names, product names, common names, trade names, product descriptions etc. even without a particular marking in this work is in no way to be construed to mean that such names may be regarded as unrestricted in respect of trademark and brand protection legislation and could thus be used by anyone.

Cover image: www.ingimage.com

This book is a translation from the original published under ISBN 978-3-659-67809-7.

Publisher:
Sciencia Scripts
is a trademark of
Dodo Books Indian Ocean Ltd. and OmniScriptum S.R.L publishing group

120 High Road, East Finchley, London, N2 9ED, United Kingdom
Str. Armeneasca 28/1, office 1, Chisinau MD-2012, Republic of Moldova, Europe

ISBN: 978-620-3-15908-0

Copyright © Boinett Florence Jepkogei
Copyright © 2024 Dodo Books Indian Ocean Ltd. and OmniScriptum S.R.L publishing group

PREPARATION DES ENFANTS AU PASSAGE DE L'ECDE A L'ECOLE PRIMAIRE DANS LE DISTRICT DE KEIYO, KENYA

BOINETT F. JEPKOGEI

Table des matières

Table des matières 2

CHAPITRE UN 3

CHAPITRE DEUX 10

CHAPITRE TROIS 33

CHAPITRE QUATRE 39

CHAPITRE CINQ 58

RÉFÉRENCES 65

CHAPITRE UN
INTRODUCTION AU PROBLÈME

1.1 Vue d'ensemble

Ce chapitre présente le contexte de l'étude, l'énoncé du problème, le but de l'étude, les objectifs de l'étude, les questions de recherche, l'importance de l'étude, la portée et les limites de l'étude et la définition des termes. Tels sont les principaux aspects abordés dans ce chapitre.

1.2 Contexte de l'étude

Pianta et Cox (1999) observent que, bien que les premières années d'école semblent jouer un rôle important dans la vie des enfants, les connaissances sur cette période de la scolarité sont limitées, en particulier en ce qui concerne l'écologie de cette transition et les facteurs liés aux résultats de la transition. Il est nécessaire de mettre davantage l'accent sur l'environnement dans lequel cette transition se produit et sur les effets de cette transition.

Ramey et Ramsey (1999) affirment que la question de la transition est en train d'émerger comme un nouveau concept important dans le domaine de l'éducation et de la formation des adultes, remplaçant l'ancien concept de préparation à l'école. Les auteurs citent des preuves suggérant que le concept de préparation est défectueux en ce qu'il se concentre sur la compétence de l'enfant par rapport au rôle de la famille, de l'école et de la communauté. Les auteurs concluent que cette vision traditionnelle de la préparation doit être remplacée par un cadre de transition vers l'école qui considère les premières années de la vie scolaire d'un enfant comme une période d'adaptation pour les enfants, leurs familles et les écoles.

Le Kenya s'est fixé comme objectif national l'éducation primaire universelle (EPU) et l'éducation pour tous (EPT) d'ici 2015, comme le stipulent les objectifs du Millénaire pour le développement (ONU, 2000). Cet objectif et sa réalisation reposent sur l'hypothèse d'une transition en douceur entre l'éducation de la petite enfance (ECD) et l'enseignement primaire. L'objectif du programme de DPE est de construire une base solide pour le développement cognitif, socio-émotionnel et sanitaire qui permettra à l'enfant de maximiser son potentiel d'apprentissage lorsqu'il entrera à l'école primaire.

L'absence de politiques visant à établir des liens entre les programmes de développement de la petite enfance et le système d'enseignement primaire a eu pour conséquence que peu d'efforts ont été déployés pour améliorer le niveau de préparation à l'école des enfants lorsqu'ils entrent dans le système d'enseignement formel. Au Kenya, l'âge officiel d'entrée à l'école est de six ans, mais ce n'est pas une condition préalable pour qu'un enfant fréquente un programme de développement de la petite enfance avant l'école primaire. En outre, la politique de gratuité de l'enseignement primaire exige que chaque enfant fréquente l'école primaire, quelle que soit son expérience en matière de développement de la petite enfance. Par conséquent, dans une classe de première année primaire, il y aura des enfants issus de différents modèles scolaires et d'autres venant directement de la maison. Dans un tel scénario, l'enseignant du primaire n'est pas seulement confronté à un grand nombre d'enfants, mais aussi au défi de gérer différents niveaux de préparation à l'école (Ngaruiya, 2006). C'est sur cette base que l'étude actuelle a été réalisée pour déterminer le degré de préparation des enfants à la transition entre le développement de la petite enfance et l'école primaire.

Actuellement, l'efficacité de l'enseignement primaire est entravée par plusieurs facteurs, notamment la disparité entre les sexes, le taux élevé d'encadrement et le taux élevé de redoublement, avec une moyenne de 16 % en 2003 (Ngaruiya, 2006). En conséquence, l'introduction de l'enseignement primaire gratuit semble réduire à néant les progrès réalisés en matière de développement de la petite enfance, puisque de nombreux parents dans certains districts ont retiré leurs enfants du développement de la petite enfance pour les placer dans l'enseignement primaire. Telles sont les conditions qui ont servi de toile de fond à l'étude de la transition du système éducatif préscolaire à l'école au Kenya.

1.3 Exposé du problème

Les enfants évoluent dans de multiples environnements d'apprentissage, dont la maison, les centres de développement de la petite enfance et les quartiers. Chacun de ces environnements comporte à la fois des facilitateurs et des inhibiteurs d'apprentissage, qui favorisent ou entravent le processus d'apprentissage au cours de la transition d'un niveau à l'autre. Le passage d'un environnement d'apprentissage à un autre crée forcément une source de vulnérabilité et d'incertitude et expose les enfants à de nouvelles exigences et à un sentiment de stress qui peut dépasser leurs capacités de développement (Nyamwaya & Mwaura, 1991).

Toute transition en douceur du développement de la petite enfance à l'école primaire ne peut être améliorée que par une situation de préparation mutuelle, où les enfants en tant qu'apprenants sont prêts pour l'école et où l'école est également prête pour les enfants. Malheureusement, l'absence d'indicateurs de processus et d'impact pour la préparation mutuelle de l'enfant et de l'école et l'énorme disparité entre les environnements d'apprentissage du DPE et de l'école primaire empêchent une transition en douceur du DPE à l'école primaire. Il en résulte un taux élevé d'abandon scolaire, de redoublement et d'absentéisme dans les classes du premier cycle de l'enseignement primaire. Il y a une absence générale de publication et de politique concernant la transition entre les soins et l'éducation de la petite enfance et le système d'éducation formel, en particulier dans les zones rurales. Cela crée un manque de connaissances que cette étude s'est efforcée de combler. C'est dans ce contexte que la présente étude a été conçue afin d'établir le degré de préparation des enfants au passage de l'ECDE à l'école primaire et d'identifier les principaux facteurs environnementaux externes qui inhibent et facilitent le passage en douceur de l'ECDE à l'école primaire.

1.4 L'objectif de l'étude

La chercheuse a cherché à étudier la préparation des enfants à la transition
du développement de la petite enfance à l'école primaire.

1.5 Objectifs de l'étude
1.5.1 Objectif principal de l'étude
L'objectif principal de cette étude était d'examiner la préparation des enfants à la transition entre le développement de la petite enfance et l'école primaire.

1.5.2 Objectifs spécifiques de l'étude
L'étude visait à atteindre les objectifs suivants : - le développement d'une culture de l'égalité entre les hommes et les femmes

(i) Établir les services situationnels de DPE fournis aux enfants pour faciliter une transition en douceur du DPE à l'école primaire.

(ii) Examiner les effets des programmes de l'école primaire et de l'éducation et de la formation tout au long de la vie sur

la préparation des enfants à la transition entre l'éducation et la formation tout au long de la vie et l'école primaire.

(iii) Examiner si les pratiques actuelles traitent de l'état de préparation des

enfants pour le passage de l'éducation et de la formation tout au long de la vie à l'école primaire.

(iv) Examiner les facteurs environnementaux externes qui influencent la transition en douceur de l'ECDE à l'école primaire.

1.6 Questions de recherche
Cette étude visait à répondre aux questions de recherche suivantes

1.6.1 Principale question de recherche
Quel est le niveau de préparation des enfants au passage de l'éducation au développement de la petite enfance à l'école primaire ?

1.6.2 Questions subsidiaires de recherche
L'étude s'est basée sur les questions de recherche suivantes:-

i. Quels sont les services situationnels de DPE fournis aux enfants pour faciliter une transition en douceur du DPE à l'école primaire ?

ii. Quels sont les effets du programme scolaire sur la préparation des enfants à la transition entre l'éducation et la formation tout au long de la vie et l'école primaire ?

iii. Les pratiques actuelles permettent-elles de préparer les enfants à la transition entre l'éducation et la formation tout au long de la vie et l'école primaire ?

iv. Quels sont les facteurs environnementaux externes qui influencent le passage en douceur de l'ECDE à l'école primaire ?

1.6 Justification de l'étude
L'objectif principal des programmes d'éducation et de formation de la petite enfance est de construire une base solide pour le développement cognitif, socio-émotionnel et sanitaire qui permettra à l'enfant de maximiser son potentiel d'apprentissage lorsqu'il entrera à l'école primaire. La capacité d'apprentissage de ces enfants est diminuée par l'absence de soins appropriés et de stimulation

psychosociale à l'âge adéquat. La préparation à l'école est perçue comme l'acquisition par l'enfant des connaissances, compétences, attitudes et aptitudes appropriées qui l'aideront à faire face au programme de l'école primaire et à d'autres exigences d'apprentissage. Les enfants qui sont prêts à apprendre au moment où ils entrent à l'école primaire ont plus de chances de terminer l'enseignement primaire, secondaire et supérieur et d'apporter une contribution positive à la société en tant que citoyens attentifs et productifs. Les enfants qui ne sont pas prêts à apprendre au moment de leur entrée à l'école risquent davantage de redoubler, d'avoir besoin de services d'éducation spécialisée et d'abandonner l'école. Cela représente une augmentation des coûts pour le gouvernement et la société dans son ensemble en raison de l'augmentation des dépenses publiques, de la diminution des recettes, de la baisse de la productivité et de la diminution de la capacité à assurer les fonctions sociétales nécessaires (Nyamwaya & Mwaura, 1991).

La capacité des enfants à apprendre et à acquérir les compétences et les attitudes adéquates dépend dans une large mesure de leur capacité cognitive et des ajustements psychosociaux qui sont déterminés au cours des premières années. L'efficacité et l'efficience de l'investissement dans l'enseignement primaire et ultérieur dépendent donc essentiellement de la capacité des enfants à commencer l'école en étant prêts à apprendre.

Au Kenya, l'absence de politiques adéquates pour assurer la transition entre l'éducation et la protection de la petite enfance et l'enseignement primaire a eu pour conséquence que peu d'efforts ont été déployés pour améliorer le niveau de préparation des enfants à l'école lorsqu'ils entrent dans le système d'enseignement primaire. L'âge officiel d'entrée à l'école est de six ans, mais il n'est pas obligatoire pour un enfant de fréquenter un établissement préscolaire avant d'entrer à l'école primaire. En outre, la politique de gratuité de l'enseignement primaire exige que chaque enfant fréquente l'école primaire, quelle que soit son expérience en matière d'éducation et de formation de la petite enfance. Par conséquent, dans une classe de primaire, il y aura des enfants issus de différents modèles préscolaires et d'autres venant directement de la maison. Dans une telle situation, l'enseignant du primaire n'est pas seulement confronté à un grand nombre d'enfants, mais aussi au défi de s'occuper d'enfants dont les niveaux de préparation à l'école varient.

Comme d'autres districts, le district de Keiyo connaît le scénario décrit ci-dessus et aucune étude n'a été réalisée sur la préparation des enfants à la transition de l'ECDE à l'école primaire. Par conséquent, l'étude des services situationnels, du programme scolaire, des pratiques actuelles et des facteurs environnementaux externes en ce qui concerne la préparation des enfants à la transition de l'ECDE à l'école primaire a justifié cette étude.

1.7 Importance de l'étude

Les résultats de cette étude seront significatifs à bien des égards et profiteront à un échantillon représentatif des parties prenantes de l'éducation. Le ministère de l'éducation utilisera les résultats de la recherche pour formuler des directives politiques concernant la préparation actuelle des enfants à la transition de l'éducation et de la formation des adultes à l'école primaire. Les chercheurs et les universitaires bénéficieront de l'étude, car ils utiliseront les résultats de l'étude comme source d'information pour d'autres études.

Les résultats permettront au ministère de l'éducation et aux directeurs d'école de mettre en place des mesures appropriées afin d'assurer une transition en douceur. Le chercheur souhaite que cette recherche stimule le débat sur le programme ECDE et l'éducation pour tous (EPT) et, par ce biais, galvanise le soutien du public et du gouvernement à ces programmes. Cette recherche fournira des perspectives perspicaces qui contribueront à l'acquisition de nouvelles connaissances sur les besoins et les défis liés à la mise en place et à la réalisation d'un programme d'éducation au développement de la petite enfance au Kenya. Elle permettra d'identifier les principaux problèmes auxquels est confrontée l'éducation au développement de la petite enfance et de trouver des solutions à ces problèmes. Cela permettra d'établir de meilleurs programmes d'éducation au développement de la petite enfance et de renforcer les unités existantes afin qu'elles fournissent des services de qualité aux élèves.

1.8 Portée et limites de l'étude
1.8.1 Champ d'application de l'étude

Cette étude s'est concentrée sur la préparation des enfants à la transition entre le développement de la petite enfance et l'école primaire dans le district de Keiyo. Elle a établi les services situationnels de DPE fournis aux enfants pour faciliter une transition en douceur, examiné les pratiques actuelles et les effets du programme d'études sur la préparation des enfants à la transition du DPE à l'école primaire. L'étude a également examiné les facteurs environnementaux externes qui inhibent et facilitent la transition en douceur du développement de la petite enfance à l'école primaire. Les personnes interrogées étaient des enseignants du primaire, des enseignants du préscolaire, des formateurs en développement du jeune enfant et des responsables de l'éducation au niveau du district. L'étude a été réalisée dans des écoles primaires et de développement du jeune enfant du district de Keiyo.

1.8.2 Limites de l'étude
Les limites de l'étude sont les suivantes :

L'étude de la préparation des enfants du district de Keiyo à la transition entre le développement de la petite enfance et l'école primaire est un vaste sujet qui implique de nombreuses parties prenantes telles que le ministère de l'Éducation, les enseignants du développement de la petite enfance, les enseignants de l'école primaire, les apprenants du développement de la petite enfance, les apprenants de l'école primaire et les responsables de l'éducation du district, avec des besoins et des défis variés que cette étude n'a peut-être pas inclus dans son champ d'application. Pour les couvrir tous, il faudrait beaucoup de ressources, c'est pourquoi le chercheur a limité l'étude au programme ECDE dans le district de Keiyo.

L'étude n'a jamais classé les écoles sur la base du nombre de garçons et de filles inscrits. Elle n'a pas non plus envisagé de variations dans cette catégorisation des écoles. Cela aurait permis d'élargir le champ de l'étude, ce qui aurait nécessité beaucoup de ressources et de temps, ce qui n'était pas à la disposition du chercheur. La littérature sur la transition de l'éducation et de la formation de base des adultes à l'école primaire dans le district de Keiyo était limitée.

1.9 Cadre théorique

Cette étude a été guidée par la théorie de la transition développée et utilisée pour la première fois par Schlossberg en 1981. La théorie de Schlossberg est généralement considérée comme une théorie du développement de l'adulte, mais elle est également pertinente pour les étudiants d'autres âges. Décrivant son modèle comme un moyen d'analyser l'adaptation humaine à la transition, Schlossberg a affirmé que l'adaptation était affectée par l'interaction de quatre ensembles de variables, à savoir : la perception de la transition par l'individu, les caractéristiques des environnements avant et après la transition, et les caractéristiques de l'individu qui vit la transition (Evans et al., 1989). Le modèle a été élaboré pour créer un cadre qui permettrait aux praticiens de comprendre pourquoi les gens réagissent et s'adaptent si différemment à la transition et pourquoi la même personne peut réagir et s'adapter si différemment à différents moments de sa vie.

En tant qu'enseignant, il faut veiller à ce que les élèves ne se sentent pas marginalisés. L'un des moyens d'y parvenir est d'intervenir et d'évaluer en permanence le climat scolaire. Il est également important que les enseignants soient en mesure de traiter et de comprendre les informations recueillies auprès des élèves qui traversent les transitions, tout en comprenant la relation entre les élèves et leur environnement. L'interaction entre les facteurs de la biologie en cours de maturation, l'environnement familial et communautaire immédiat et le paysage sociétal alimente et oriente le développement. Les changements ou les conflits dans une couche se répercutent sur les autres couches. Pour comprendre les transitions des élèves, nous devons donc examiner non seulement les élèves et leur environnement immédiat, mais aussi l'interaction de l'environnement au sens large.

La théorie de la transition permet de traiter les élèves en tant qu'individus, puisque cette théorie stipule que chaque personne gère les transitions de manière très différente. Ce concept nous incite à réfléchir à ce que nos écoles font (ou ne font pas) pour rendre nos environnements inclusifs et à l'efficacité des programmes de diversité mis en place. En outre, il nous aide à réévaluer ce que nos institutions font pour améliorer l'accès, l'équité et la qualité de l'expérience éducative pour tous les élèves, en particulier pour les jeunes qui commencent leur scolarité dans les centres de développement de la petite enfance.

Cette étude visait à déterminer le degré de préparation des enfants au passage du développement de la petite enfance à l'école primaire. Il s'agit d'une transition dans le niveau d'éducation et, par conséquent, la théorie de la transition a guidé le chercheur dans l'identification des variables impliquées dans cette étude. À partir de la théorie de la transition, comme indiqué ci-dessus, le chercheur a été incité à examiner si les pratiques actuelles en matière d'éducation permettaient de préparer les enfants au passage du DPE à l'école primaire, à déterminer les services situationnels de DPE fournis aux enfants pour faciliter une transition en douceur et à examiner les effets du programme scolaire sur la préparation des enfants au passage du DPE à l'école primaire, ainsi qu'à examiner les facteurs environnementaux externes. Ces aspects ont permis au chercheur d'évaluer la préparation des enfants à la transition du DPE à l'école primaire.

1.10 Résumé

Ce chapitre présente les informations générales, l'énoncé du problème, l'objet de l'étude, les objectifs de l'étude, les questions de recherche, la signification de l'étude, les limites de l'étude, la portée et les limites de l'étude et la définition des termes. Le chapitre suivant est consacré à l'analyse de la littérature relative à l'étude en cours.

La sécheresse reste un problème permanent en Afrique subsaharienne, les grandes sécheresses se produisant toutes les quelques années et entraînant souvent la famine. La sécheresse est un phénomène climatique extrême récurrent caractérisé par des précipitations inférieures à la normale sur une période allant de quelques mois à quelques années. La sécheresse est une période sèche temporaire, contrairement à l'aridité permanente des zones arides. La sécheresse se produit dans la plupart des régions du monde, même dans les régions humides. En effet, la sécheresse est définie comme une période sèche par rapport aux conditions normales locales. D'autre part, les zones arides sont sujettes à la sécheresse parce que leurs précipitations dépendent essentiellement d'un petit nombre d'événements pluvieux.

CHAPITRE DEUX
ANALYSE DOCUMENTAIRE
2.0 Introduction
Ce chapitre a passé en revue un certain nombre de publications, notamment des articles, des documents de séminaire, des documents de politique gouvernementale, des actes de conférence, des manuels de formation, des documents législatifs, des rapports de recherche, des revues spécialisées, des manuels scolaires, des journaux et des périodiques. Pour mettre en lumière ce qu'implique la préparation des enfants à la transition entre le développement de la petite enfance et l'école primaire, ce chapitre fait une critique des travaux antérieurs de divers auteurs et fournit un résumé pour montrer à quel point l'étude est unique en son genre. Ce chapitre est subdivisé en littérature générale sur les études antérieures et en littérature connexe sous les rubriques suivantes :

2.1 Littérature générale
2.1.1 Le concept de transition
Dans le domaine de l'éducation des enfants, le terme "transition" désigne le processus de passage d'un environnement à un autre. Les transitions entre établissements d'enseignement sont souvent synonymes de changement de lieu, d'enseignant, de programme et de philosophie (Margetts, 1999). Un certain nombre de transitions se produisent au cours des années d'éducation préscolaire. Certaines se produisent d'une année à l'autre, par exemple de la maison à l'école maternelle et de la maison à l'école formelle. D'autres se produisent au cours de la journée ou de la semaine de l'enfant, par exemple de la garderie du matin à l'école, ou de l'école à la garderie après l'école. Toutes les transitions sont importantes. Edgar (1986) a suggéré que chacune d'entre elles implique "des défis, de l'incertitude et de la tension". C'est pourquoi il est suggéré que les transitions impliquent des pratiques visant à garantir un transfert en douceur de l'enfant d'un environnement à l'autre (Myers, 1997 ; Margetts, 2000 ;
Dunlop & Fabian, 2003).

Dans sa théorie de la transition, Schlossberg (1981) a identifié quatre grands ensembles de facteurs, connus sous le nom de "4 S", qui influencent la capacité d'une personne à faire face à une transition : Situation, Soi, Soutien et Stratégies. Schlossberg continue d'affirmer que dans les 4 S, ce qu'il faut prendre en compte est : la personne est-elle capable de faire face à une transition ? Les éléments à prendre en compte sont les suivants : la personne utilise-t-elle plusieurs stratégies d'adaptation ou une seule ? La personne peut-elle faire preuve de créativité en changeant la situation, en changeant le sens de la situation ou en gérant ses réactions au stress ? La personne bénéficie-t-elle du soutien de sa famille, de ses amis, de ses collègues et de ses supérieurs ? De quelle manière les gens apportent-ils leur soutien ? De quelle manière entravent-ils les efforts de changement de la personne ? Quels sont les points forts et les points faibles que la personne apporte à la situation ? Pense-t-elle qu'il existe des solutions ? Est-elle optimiste ?

Caractéristiques personnelles et démographiques (sexe, âge, statut socio-économique en matière de santé, race, etc. S'agit-il d'une transition positive, négative, attendue, inattendue, souhaitée ou redoutée ? La transition a-t-elle eu lieu au pire ou au meilleur moment possible ? Est-elle "dans les temps" ou "hors des temps" ? Est-elle volontaire ou imposée ? La personne se trouve-t-elle au début, au milieu ou à la fin de la transition (entrée, passage ou sortie) ?

En 1995, Schlossberg a intégré le modèle de conseil de Cormier et Hackney pour fournir un moyen utile d'identifier les actions efficaces qui peuvent être entreprises pour soutenir les individus en transition Evans et al. (1998). Le modèle de conseil de Cormier et Hackney met l'accent sur l'établissement d'une relation, l'évaluation, la fixation d'objectifs, les interventions, la fin et le suivi du processus de préparation à la transition.

Ramey et Ramsey (1999) estiment que la transition vers l'école est l'un des "rares universels de l'enfance". La transition s'étend de la période précédant l'entrée à l'école, en passant par l'installation, jusqu'à ce que l'enfant s'établisse dans son nouveau cadre. Fabian et Dunlop (2002) suggèrent qu'il s'agit d'une période d'accélération des exigences développementales. Certains enfants s'adaptent facilement à un nouvel environnement éducatif, mais pour d'autres, passer d'un environnement familier et sécurisant à un nouvel environnement scolaire peut s'avérer difficile (Brostrom, 2000). Bredekamp et Copple (1997) seraient également d'accord pour dire que la transition vers l'école est l'un des principaux défis auxquels les enfants sont confrontés. Ils indiquent que pour les jeunes enfants qui ont peu de stratégies d'adaptation bien développées, cette transition peut être très difficile, et citent le manque de continuité dans les pratiques d'enseignement et l'absence de préparation pour faciliter la transition comme des facteurs contribuant aux difficultés rencontrées.

Dunlop et Fabian (2003) proposent que la transition, la continuité et la progression soient des éléments clés de la réussite scolaire. Ils suggèrent que la continuité est essentielle durant cette phase pour permettre aux enfants de prévoir les événements et d'avoir un certain sentiment de contrôle sur leur environnement. Ils estiment qu'il est essentiel de donner aux enfants les connaissances dont ils ont besoin pour se préparer aux changements, aux personnes impliquées et aux attentes du nouvel environnement.

Enfin, Pianta et Cox (1999) ont indiqué qu'à la fin de la troisième année, la plupart des enfants sont sur "une trajectoire de développement qu'ils suivront pendant le reste de leur scolarité". Le rapport note cependant que, bien que ces premières années jouent un rôle important pour l'avenir de nos enfants, les connaissances sur cette période sont limitées, notamment en termes de préparation du développement de la petite enfance à l'enseignement primaire au Kenya.

2.2.2 La nécessité de pratiques de transition

Bailey (1999), en expliquant pourquoi le National Center for Early Development and Learning (NCEDL) a choisi le thème de la transition pour l'une de ses premières conférences de synthèse, a expliqué que c'était parce que le groupe considérait que la réussite de la première année de scolarisation était cruciale pour la préparation. L'école maternelle est un contexte dans lequel les enfants tirent des conclusions importantes sur l'école en tant qu'endroit où ils veulent être en tant qu'apprenants vis-à-vis des écoles.

Si aucun autre objectif n'est atteint, il est essentiel que la transition vers l'école se fasse de manière à ce que les enfants et les familles aient une vision positive de l'école et que les enfants se sentent compétents en tant qu'apprenants : "L'école, c'est bien, et je pense que je peux y arriver". Malheureusement, de nombreux enfants et familles parviennent à des conclusions divergentes quant à leur préparation à l'école et à leur adaptation à l'environnement scolaire au cours de cette toute première année de développement du jeune enfant et de l'enseignement primaire (Bailey, 1999).

Kakvoulis (1994) serait d'accord avec ce qui précède et estime qu'il existe une discontinuité verticale entre le développement de la petite enfance et l'école primaire, qui se traduit par de l'anxiété et du stress pour de nombreux enfants et peut avoir des effets négatifs à long terme sur l'apprentissage des enfants à ce premier stade de l'école primaire. Ainsi, bien que le changement puisse être une expérience stimulante pour les enfants, l'écart entre les deux niveaux de développement ne doit pas être trop important, sous peine d'avoir des conséquences négatives pour l'enfant. Brostrom (2002) suggère que la clé d'une bonne préparation à la transition est que les enfants se sentent à l'aise à l'école. Cela implique des sentiments de bien-être et d'appartenance, qui permettent aux enfants de relever les défis sociaux et scolaires auxquels ils sont confrontés. Il affirme également que les enfants qui s'adaptent bien à l'école maternelle sont plus susceptibles de réussir à l'avenir.

Il est de plus en plus reconnu au niveau international qu'une transition réussie vers l'école est importante pour le bien-être social et émotionnel de l'enfant, ainsi que pour ses performances cognitives ultérieures (Ramey & Ramsey, 1998 ; Kagan & Neumann, 1999), qui indiquent qu'avec les nombreux autres changements que connaîtra l'enfant, la préparation à la transition crée à la fois des défis et des opportunités de croissance. Selon eux, la réussite de ces défis peut donner à l'enfant et à sa famille la confiance et la compétence nécessaires pour gérer les déménagements ultérieurs. Margetts (2002) indique que la recherche sur l'adaptation des enfants à ce moment critique suggère que les difficultés sociales et émotionnelles au cours des premières années de scolarité formelle peuvent prédire les risques de problèmes éducatifs et sociaux jusqu'à dix ou douze ans plus tard. Comme le conseillent Pianta et Cox (1999) : "La préparation aux périodes de transition est celle qui s'accompagne de changements considérables. Le développement est réorganisé et de nouvelles compétences apparaissent, souvent avec des conséquences pour l'enfant qui marquent un changement qualitatif. Lorsque les compétences de l'enfant d'âge préscolaire interagissent avec les exigences de l'environnement scolaire, un "nouvel" enfant peut émerger - socialement compétent, alphabétisé et capable d'atteindre des niveaux plus élevés de maîtrise et d'autonomie.

Entwisle et Alexander (1999) soutiennent cette affirmation et proposent qu'en commençant leur scolarité formelle, les enfants assument un nouveau rôle, celui d'étudiant. Il s'agit d'un rôle qu'ils occuperont pendant de nombreuses années, et la façon dont ils évoluent dans ce rôle détermine en grande partie la catégorie professionnelle qu'ils adopteront plus tard dans leur vie.

Cependant, les chercheurs Melton et al (1999) ont noté que l'importance de cette étape en tant que transition de la vie n'a pratiquement pas attiré l'attention des chercheurs en sciences sociales et que "sa nature critique pour le développement précoce a été largement négligée par le public et les responsables politiques" (Entwisle & Alexander, 1999).

Des études ont également montré qu'en pratique, les écoles n'accordent que peu d'importance au processus de préparation à la transition. L'étude nationale sur la transition (Love et al 1992) a révélé que sur les 1 003 écoles étudiées, moins de la moitié proposaient des programmes formels de visite de l'école pour les parents, seulement 10 % des écoles communiquaient avec les enseignants du préscolaire, et seulement 12 % avaient des programmes d'études basés sur les programmes du préscolaire.

Selon Myers (1997), il y a de nombreuses raisons de consacrer de l'énergie à faciliter la transition entre le préscolaire et l'école, car cette transition sera bénéfique pour chaque enfant, pour le système scolaire et pour la société dans son ensemble. Ces avantages sont les suivants : réduction des niveaux d'échec personnel, de redoublement et d'abandon scolaire ; intérêt accru pour l'apprentissage de la part des enfants ; et augmentation du niveau de compétence que les enfants continueront à utiliser tout au long de leur vie.

Les études réalisées sur la nécessité de la transition nous permettent d'avoir une vue d'ensemble des facteurs environnementaux externes qui influencent la transition vers l'école primaire, ce qui nous a permis d'atteindre l'objectif de cette étude.

2.2.3 Risques encourus par les enfants en cas de difficultés dans la préparation à la transition

Brostrom (2000) suggère que la plupart des enfants s'adaptent bien à la transition vers l'école formelle. Ils sont capables de relever les défis que cette préparation à la transition entraîne. Cependant, pour certains enfants, l'entrée à l'école n'est pas une expérience positive. Selon lui, pour ces enfants, "chaque jour apporte trop de défis ou les mauvais types de défis". Zill (1999) rapporte qu'aux États-Unis, un enfant sur six éprouve de sérieuses difficultés à faire la transition vers l'école formelle. Les problèmes les plus répandus qu'il signale sont la difficulté à suivre les instructions, le manque de compétences scolaires, la désorganisation de la famille et la difficulté à travailler de manière indépendante. Ces conclusions s'appuient sur une étude menée par Pianta et al. (1998, cité dans Zill, 1999), qui ont constaté que 16% des enfants avaient une "entrée difficile ou très difficile", ce qui a amené l'enseignant à avoir de "sérieuses inquiétudes" quant à leur adaptation à l'école.

Zill indique que les problèmes de préparation à la transition sont plus fréquents dans les villes ou les communautés rurales, mais moins dans les Sarbia. Il cite également les taux de pauvreté et la composition des minorités dans les écoles comme des facteurs importants.

Brostrom (2000) suggère cependant qu'une expérience négative de la transition est souvent due à des problèmes liés au personnel enseignant plutôt qu'à l'enfant. Le premier de ces problèmes est que les enseignants ont une connaissance limitée de la vie préscolaire, et vice versa. Le second, selon lui, est que ces deux groupes ont également des définitions différentes de la préparation à l'école. Il estime que les contradictions éducatives entre les deux milieux sont importantes et suggère que souvent les deux groupes d'enseignants ne communiquent pas correctement.

Toutefois, des problèmes peuvent également survenir en raison des croyances de l'enfant. Brostrom (2000) a constaté que certains enfants avaient une vision autoritaire et dépassée de l'école. Il a suggéré que ces enfants couraient un risque élevé d'anxiété liée à l'école, ce qui peut drainer leur énergie au point d'affecter leur capacité d'apprentissage. Il a cité une étude réalisée en 1999, selon laquelle 12 % des attentes des enfants danois à l'égard de l'école se caractérisaient par de l'anxiété. Une étude complémentaire réalisée en 2000 a révélé que 24% des enfants s'attendaient à un "enseignant grondeur, qui ordonne aux enfants de rester assis et de se taire". Brostrom (2000) a cité ce qui précède comme preuve de l'importance de mettre en place des activités de transition, en particulier pour les groupes d'enfants qui craignent le début de la scolarité formelle.

Margetts (2002) a étudié les effets des modes de garde et des influences familiales sur l'adaptation des enfants à la première année d'école en Australie. Elle a constaté que la fréquentation d'un établissement préscolaire pour les enfants de 3 ans et de 4 ans présentait des avantages significatifs pour les enfants à leur arrivée à l'école, tant sur le plan des compétences sociales que scolaires.

En revanche, les services de garde en milieu familial prédisaient des niveaux plus faibles de coopération scolaire. Elle a également constaté que le sexe prédisait de manière significative la coopération, le contrôle de soi et des niveaux plus élevés d'aptitudes sociales au cours de la première année de scolarité, les filles ayant des niveaux plus élevés que les garçons dans tous ces domaines. Ces résultats concernant l'influence du sexe sur l'adaptation à la scolarité formelle sont confirmés par d'autres recherches (Entwisle & Alexander, 1988 ; Zill, 1999).

Il a également été suggéré que la préparation à la transition vers la scolarisation formelle serait plus difficile pour les enfants les plus jeunes (Horgan, 1995). L'âge des classes de Junior Infants varie entre 4 et 6 ans. Les enfants qui commencent l'école avant l'âge de 5 ans n'auront pas encore effectué le grand changement cognitif qui se produit entre 5 et 7 ans (Bredekamp & Copple, 1997).

De nombreux chercheurs (Wolery, 1999) ont identifié les enfants ayant des besoins spéciaux et leurs familles comme étant exposés à un risque important de transition difficile vers la scolarisation formelle. Wolery (1999) indique que, bien que ces enfants et leurs familles aient souvent connu plusieurs transitions avant la scolarisation formelle (programmes d'intervention précoce, centres de répit, programmes pour nourrissons et enfants en bas âge, programmes préscolaires), cette transition peut être particulièrement difficile, et une attention particulière peut être nécessaire pour les enfants handicapés. Il suggère que pour surmonter les défis auxquels ces enfants sont confrontés, il convient d'élaborer des politiques de transition qui répondent aux besoins des deux groupes de personnel travaillant avec l'enfant, de la famille et des enfants eux-mêmes. Il est également important de noter que lorsqu'on cherche à savoir si certains enfants ou groupes d'enfants peuvent éprouver plus de difficultés pendant la période de préparation à la transition, les attentes des enseignants à l'égard des élèves en général ou de certains élèves en particulier auront également une incidence sur leur rendement (Myers, 1997).

2.2.4 Sous-estimation par les enseignants des capacités académiques des élèves

Fouracre (1993) a entrepris une étude de cas sur une école secondaire écossaise et ses cinq écoles primaires associées. L'objectif de l'étude était d'examiner les attentes des élèves concernant le passage de l'école primaire à l'école secondaire en utilisant une variété de tests, de questionnaires, d'essais et de discussions de groupe. Les domaines d'intérêt de cette étude comprenaient le décalage général entre la perception qu'ont les élèves de leurs progrès après le passage à l'école secondaire et leurs progrès réels, ainsi que le décalage entre les attentes des élèves concernant la vie et le travail dans l'école secondaire et la réalité de ces attentes.

L'analyse du questionnaire a donné lieu à des résultats intéressants : Soixante-neuf pour cent des élèves de 6e année étaient satisfaits de leurs progrès en général à l'école primaire. Après le transfert, ce pourcentage est passé à 78 %. Cependant, les tests de compétences de base (tels que l'orthographe et la ponctuation) ont en fait montré une baisse des progrès après le transfert. Cela indique un décalage entre les perceptions des élèves et leur niveau réel de progrès en 7e année. Quatre-vingt-quatre pour cent des élèves de 7e année s'attendaient à avoir plus de devoirs à l'école secondaire.

Quatre-vingt pour cent des élèves de 7e année s'attendaient à ce que le travail à l'école secondaire soit plus difficile qu'il ne l'était. Cette réponse correspond à la perception selon laquelle, bien que les élèves du primaire pensaient que les enseignants du secondaire attendraient davantage d'eux, dans la pratique, après le transfert, le nombre d'élèves le pensant a diminué, et un plus grand nombre d'entre eux sont maintenant incertains. Les enseignants des écoles secondaires semblent sous-estimer les capacités académiques des élèves de 7e année.

Fouracre (1993) suggère qu'il existe une discontinuité académique évidente entre l'école primaire et l'école secondaire, les enseignants sous-estimant les capacités des élèves de 7e année. Les résultats indiquent également qu'il existe un décalage général entre les attentes des élèves concernant la vie et le travail dans l'enseignement secondaire et leurs expériences réelles. L'idée que les enseignants du secondaire sous-estiment les capacités académiques des élèves de 7e année semble également être soutenue par les résultats de Galton et al. (1999).

Cette étude avait pour but d'explorer l'idée selon laquelle les élèves subissent un "creux" dans leurs progrès scolaires après la transition, et d'identifier les stratégies efficaces pour élever et maintenir le niveau pendant la transition. Elle a révélé que le travail fixé par les enseignants pour les élèves de 7e année sous-estime leurs capacités. Les résultats confirment également l'idée d'un "creux" académique après la transition, car ils mettent en évidence certains cas où l'apprentissage des élèves de 7e année semble stagner ou régresser. Deux élèves sur cinq n'ont pas progressé au cours de leur première année après la transition. Une fois de plus, cela souligne le problème que les enseignants du secondaire ne poussent pas suffisamment leurs élèves sur le plan académique et pose la question de savoir si la période de transition prépare avec succès les élèves sur le plan académique pour l'année 7 (Galton et al. 1999).

Cependant, Galton, Gray et Rudduck (1999) ont constaté qu'au cours des vingt dernières années, il y a eu une nette amélioration en ce qui concerne les questions de transfert et de transition. Néanmoins, les auteurs recommandent la nécessité de : page 131

L'attention portée aux transitions et aux transferts, l'évaluation de l'impact des stratégies actuelles de transfert et de transition, l'attention portée aux récits des élèves sur les raisons de leur désengagement ou de leurs performances insuffisantes à ces moments critiques, la reconnaissance du moment et de la manière dont différents groupes d'élèves deviennent' at risk' et l'obtention d'un meilleur équilibre entre les préoccupations académiques et sociales à différents moments du transfert et de la transition.

Galton, Gray et Ruddock (2000) ont réalisé des études de cas sur neuf LEA, interrogé 50 directeurs d'écoles primaires, analysé les données KS de plus de 3 000 élèves et étudié 25 écoles. L'étude portait sur les facteurs qui affectent les progrès des élèves entre 7 et 14 ans, en particulier la transition entre l'école primaire et l'école secondaire. Cette étude s'est appuyée sur l'étude précédente révélée par l'examen de la transition (Galton, Gray et Ruddock, 1999), qui concluait que les dispositions prises par les écoles pour la transition fonctionnaient généralement bien, mais soulignait également la nécessité de mieux comprendre les "creux" dans l'attitude, l'engagement et les progrès aux points de transition clés et à la période post-transition.

Les résultats de l'étude suggèrent que pendant la période de transition, les écoles accordent une plus grande attention aux programmes et aux questions pédagogiques. Cependant, les attitudes et les progrès des élèves (en particulier en anglais et en sciences) suggèrent que les élèves sont encore insuffisamment stimulés en 7e année.

L'un des élèves ayant participé à l'étude a indiqué qu'en 7e année de sciences, les élèves passaient une grande partie de leur temps à recopier les détails des expériences, ce qui suggère que les élèves de 7e année ne sont peut-être pas suffisamment poussés sur le plan académique. Galton, Gray et Ruddock (2000) suggèrent que les écoles devraient porter leur attention sur les dimensions académiques (par opposition aux dimensions sociales) de la transition afin de soutenir les progrès des élèves.

Kirkpatrick (1992) fait état d'une étude dont les résultats sont similaires à ceux des études susmentionnées. Sur une période de douze mois, les chercheurs ont interrogé un échantillon d'enfants d'Australie occidentale, explorant leurs attentes avant la transition et leurs expériences et perceptions lorsqu'ils sont entrés à l'école secondaire.

Les recherches menées dans le cadre de cette étude suggèrent que le passage à l'école secondaire s'accompagne d'une baisse des résultats scolaires et de l'attitude des élèves à l'égard de l'école. Les élèves de 7e année ont déclaré avoir fait peu de progrès au cours de leur première année à l'école secondaire et, dans certains cas, leurs résultats scolaires ont même baissé. Les élèves ont déclaré que le travail qu'ils effectuaient au cours de leur première année à l'école secondaire n'était pas plus difficile (et parfois plus facile) que le travail qu'ils effectuaient à l'école primaire.

Les chercheurs ont suggéré que les changements de taille et de structure des écoles secondaires par rapport aux écoles primaires ont pu contribuer à la baisse des résultats scolaires et de la motivation. Cependant, d'autres causes ont été suggérées : un manque de défi académique présenté par les enseignants du secondaire, la pression des pairs pour ne pas paraître "trop académique", un sentiment croissant d'ennui et un manque d'effort de la part des élèves lorsqu'ils répètent des travaux déjà effectués à l'école primaire. Les études susmentionnées présentent toutes des résultats similaires, suggérant que les enseignants du secondaire sous-estiment les capacités académiques des élèves de 7e année, ce qui peut contribuer à l'apparition d'un "creux" académique au cours de la première année de l'enseignement secondaire. La discussion ci-dessus indique qu'il y a des défis à relever dans le processus de transition. Cela a rendu nécessaire l'étude actuelle qui examine la préparation des enfants à la transition entre le développement de la petite enfance et l'école primaire.

2.2.5 Facteurs socioculturels influençant la transition

Le *Rapport mondial de suivi sur l'éducation pour tous (EPT) 2007* a confirmé que de plus en plus d'enfants (86 %) ont désormais accès à la première année d'école primaire. L'augmentation de l'accès entre 1999 et 2004 a été la plus marquée en Afrique subsaharienne (de 55 à 65 %) et en Asie du Sud et de l'Ouest (de 77 à 86 %). Les filles bénéficient de ces augmentations de la scolarisation. Sur les 181 pays pour lesquels on dispose de données, environ deux tiers ont atteint la parité entre les sexes dans les effectifs de l'enseignement primaire (UNESCO, 2006).

Mais des défis majeurs subsistent dans le mouvement en faveur de l'éducation pour tous : 77 millions d'enfants ne sont toujours pas scolarisés, ni dans le primaire, ni dans le secondaire. Parmi eux, 7 millions ont abandonné l'école, 23 millions sont susceptibles de s'inscrire tardivement et 47 millions ont peu de chances de s'inscrire un jour sans incitations supplémentaires. L'Inde, le Nigeria, le Pakistan et l'Éthiopie représentent 22,8 millions (deux tiers) de ce total (UNESCO, 2006).

Bien que les inscriptions en première année aient fortement augmenté, trop d'enfants qui commencent l'école n'atteignent pas la dernière année du primaire. Dans la majorité des pays d'Amérique latine et des Caraïbes, au moins 17 % des élèves de première année n'atteignent pas la dernière année. Ce chiffre est supérieur à 33 % dans la plupart des pays d'Afrique subsaharienne. L'achèvement de la scolarité est également faible dans plusieurs pays d'Asie du Sud et de l'Ouest, dont le Bangladesh et le Népal. Les problèmes sont les plus graves dans les pays où la pauvreté, l'exclusion et la qualité des écoles sont élevées (UNESCO, 2006). En général, les enfants sont plus susceptibles de ne pas être scolarisés s'ils sont issus de ménages pauvres, s'ils vivent dans des zones rurales et si leur mère n'a pas reçu d'éducation. En Éthiopie, les enfants des zones rurales sont 60 fois plus susceptibles d'abandonner l'école que les enfants des zones urbaines. Au Burkina Faso, au Mali et au Mozambique, parmi les enfants issus des 40 % de ménages les plus pauvres, seuls 10 % de ceux qui sont entrés à l'école primaire sont parvenus à la terminer. En Ouganda, le nombre d'inscriptions en première année a augmenté, mais la moitié des élèves qui entrent à l'école abandonnent ou redoublent la première année.

Graham et Hill (2002) ont mené une étude quantitative sur la transition et ont constaté que plus de 77 % de l'échantillon convenait que la transition était plus difficile pour les élèves qui parlaient une autre langue que l'anglais à la maison. Cela pose un problème d'intégration avec les camarades de classe, ce qui affecte la réussite de leur transition. L'étude suggère également que les facteurs socioculturels affectent la réussite de la préparation à la transition pour les enfants.

Une analyse systématique de la littérature réalisée par l'Université de Nouvelle-Zélande (McGee, Ward, Gibbons et Harlow, 2004) a tenté de faire la lumière sur ce que l'on sait de la transition entre l'école primaire et l'école secondaire. L'étude a mis en lumière les questions soulevées dans les études précédentes concernant l'impact de la transition sur les résultats scolaires des enfants et leur adaptation à l'école secondaire, ainsi que tout impact sur les différents groupes d'élèves. Huit thèmes ont été identifiés : les résultats scolaires, l'adaptation sociale, les liens entre les écoles, les questions d'organisation, les perceptions des élèves, les facteurs culturels, les facteurs socio-économiques et les différences entre les sexes. Les points récapitulatifs ci-dessus donnent des indications sur l'éventail des questions soulevées par la transition.

Résultats scolaires : Après le passage à l'école secondaire, les élèves ont tendance à voir leurs résultats scolaires diminuer. Les résultats scolaires de la première année de l'école secondaire semblent être liés à la diminution de l'intérêt des élèves pour les activités académiques et à l'augmentation des activités non académiques au cours des années intermédiaires.

Adaptation sociale : La transition est stressante - des informations adéquates et des activités de soutien social qui aident les élèves à former des réseaux d'amis sont des facteurs cruciaux pour y faire face. Une meilleure estime de soi peut favoriser la motivation scolaire.

Liens entre les écoles : La continuité du programme d'études souffre de la transition. Peu d'écoles secondaires ont mis en place des dispositifs de liaison durables axés sur la progression de l'apprentissage de chaque élève. Les attentes en matière d'enseignement diffèrent souvent entre l'école primaire/intermédiaire et l'école secondaire. Les écoles secondaires ne tiennent souvent pas compte de l'expérience ou des résultats antérieurs.

Questions d'organisation : Les difficultés rencontrées par certains élèves lors du passage de l'école primaire à l'école secondaire se sont avérées temporaires. Avant la transition, les élèves doivent être davantage responsabilisés par rapport à leur apprentissage, on doit leur enseigner des stratégies pour apprendre par eux-mêmes et leur proposer un programme d'études plus stimulant, avec des objectifs clairs en matière de réussite scolaire.

Perception des élèves : Les élèves du primaire considèrent la transition de manière positive. Les élèves à risque ont besoin d'une intervention avant la transition.

Facteurs culturels : La transition peut poser des problèmes et des préoccupations spécifiques aux élèves qui n'appartiennent pas à la culture majoritaire. Les enseignants et les élèves ont des perceptions différentes de l'origine des problèmes. Les élèves ont tendance à penser qu'il y a un problème avec la mise en œuvre des programmes ; les enseignants ont tendance à penser que les élèves amènent les problèmes avec eux.

Facteurs socio-économiques : Le statut socio-économique (SSE) est un facteur qui peut conduire à des résultats médiocres. Les écoles secondaires accueillant des élèves de faible statut socio-économique ont généralement mis en place des programmes pour soutenir les élèves à risque. Le soutien familial est lié à la réussite après la transition et l'influence de parents efficaces est cumulative.

Différences entre les sexes : Au moment de la transition, les attitudes des filles à l'égard des enseignants et de l'apprentissage sont différentes de celles des garçons. La tendance à "enseigner aux garçons" parce qu'ils ont besoin de plus d'aide ou qu'ils sont plus exigeants est considérée comme injuste et exploitante par certains chercheurs (McGee, Ward, Gibbons et Harlow, 2004). L'étude actuelle tente de s'appuyer sur les résultats précédents afin d'éclairer davantage les pratiques efficaces et les facteurs qui influencent la transition, et d'explorer la continuité entre le développement de la petite enfance et l'école primaire.

2.2.6 Services situationnels dans les programmes de DPE

Des taux de scolarisation faibles, une mauvaise fréquentation, des redoublements, des taux d'abandon élevés et une sous-performance généralisée au cours des premières années d'études sont autant de signes qui indiquent qu'un système scolaire n'atteint pas l'objectif de "préparation des enfants". Les facteurs qui influencent la préparation à l'école comprennent : la localisation de l'école, l'accessibilité et les pratiques d'admission qui déterminent quels enfants sont inclus et lesquels sont exclus, les conditions et la taille des classes, en particulier la surpopulation, qui est la plus fréquente pendant les premières années d'études,

La disponibilité, la confiance et l'engagement des enseignants, des méthodes d'enseignement médiocres et une discipline sévère, souvent associées à de faibles niveaux de formation professionnelle et de rémunération pour les enseignants travaillant avec les enfants les plus jeunes, l'inadéquation entre la langue et la culture du foyer et celles de l'école et, plus généralement, le manque de respect pour les compétences culturelles et l'apprentissage antérieur des enfants, la médiocrité des ressources et de la tenue des dossiers, qui se traduit par un apprentissage insuffisant et un suivi inadéquat des progrès de l'élève.

Trop souvent, ces facteurs se combinent pour former des cycles d'échec auto-entretenus dans lesquels les premières classes deviennent progressivement plus surchargées, les enseignants démoralisés, les parents et les enfants désintéressés et les directeurs d'école déresponsabilisés. Pour être réellement efficaces, les politiques scolaires doivent s'attaquer à l'ensemble du système de manière intégrée (Arnold *et al.*, 2006 ; Lewin, 2007).

La conférence 2006 de l'Association pour le développement de l'éducation en Afrique (ADEA) au Gabon (ADEA, 2007, en ligne) a identifié de nombreuses façons dont les écoles ne sont pas prêtes pour les enfants (en particulier les filles), notamment les longs trajets pour se rendre à l'école, les classes nombreuses, les programmes inappropriés, l'enseignement par cœur, la pénurie de matériel et la formation inadéquate des enseignants. Elle a également identifié les raisons pour lesquelles les enfants ne sont pas prêts pour l'école, en raison de la pauvreté, d'une mauvaise alimentation, et surtout de l'impact des

VIH/SIDA sur les capacités des familles à soutenir leurs enfants. La réunion a proposé un cadre politique global, portant sur les structures organisationnelles et financières, la coordination intersectorielle et les approches de partenariat pour soutenir les jeunes enfants dans les familles, les communautés et les écoles.

Pendant de nombreuses années, la base factuelle de l'engagement politique dans la vie des jeunes enfants défavorisés s'est appuyée sur des évaluations de programmes nationaux lancés depuis les années 1960 (Ziegler et Styfco, 2004 ; Schweinhart et Weikart, 1980 ; Campbell et Ramey, 1994). Le projet préscolaire High/Scope Perry a été le plus influent, avec des preuves étonnantes à long terme de la meilleure préparation des enfants à l'école, avec des taux d'abandon scolaire plus faibles et des résultats scolaires plus élevés, des taux d'orientation vers l'éducation spéciale plus faibles, une dépendance moindre à l'égard des prestations sociales et une incidence de la criminalité plus faible chez les enfants sélectionnés pour un programme d'éducation précoce de haute qualité par rapport à un groupe de contrôle. Les groupes expérimental et témoin ont été suivis jusqu'à ce que les participants atteignent l'âge de 40 ans (Schweinhart *et al.*, 2004).

En 1990, des preuves positives de l'efficacité des interventions précoces, y compris des programmes de nutrition et de développement de l'enfant, ont commencé à être rapportées dans certaines études réalisées dans les pays de la majorité (Myers, 1992). Près de vingt ans plus tard, une analyse s'est concentrée sur vingt études plus récentes répondant à six critères stricts, notamment l'essai contrôlé randomisé ou la conception d'un groupe de comparaison apparié. Des effets positifs ont été constatés dans le cadre de programmes d'éducation parentale et de programmes parents-enfants au Bangladesh, en Bolivie, en Colombie, en Jamaïque et en Turquie. Les évaluations de huit programmes de centres dans des contextes tout aussi diversifiés ont fait état de gains cognitifs ainsi que d'améliorations des compétences sociales des enfants, et pour les projets disposant de données longitudinales, cela s'est traduit par une augmentation de l'assiduité, de la rétention et des résultats scolaires.

Enfin, six programmes globaux de développement de l'enfant (dont le Service intégré de développement de l'enfant (ICDS) en Inde et le Proyecto Integral de Desarollo Infantil (PIDI) en Bolivie) ont démontré les avantages des modèles intégrés qui incluent la nutrition précoce et le soutien aux parents, ainsi que le travail direct avec les enfants (Engle *et al.*, 2007).

Si des progrès considérables ont été accomplis en matière d'éducation pour tous, ce sont toujours les plus défavorisés qui sont les plus exposés au risque d'exclusion scolaire, d'échec scolaire et d'abandon prématuré de l'école (UNESCO, 2006). Le plus souvent, ces problèmes ont été conceptualisés comme étant liés à la "préparation des enfants à l'école". La pauvreté, une mauvaise alimentation et le manque de ressources et de stimulation dans les premières années ont été identifiés comme des facteurs clés, ce qui a conduit un groupe d'universitaires à estimer que plus de 200 millions d'enfants ne parviennent pas à réaliser leur potentiel de développement (Grantham-McGregor *et al.*, 2007).

Se concentrer sur l'aptitude des enfants à bénéficier de l'enseignement est au mieux une simplification excessive et, d'une certaine manière, revient à "blâmer la victime" pour les inefficacités des systèmes éducatifs. Une vision plus équilibrée reconnaît que les systèmes scolaires font actuellement partie du problème autant qu'ils sont une solution à ce problème. Dans les pays en développement pauvres en ressources qui représentent les deux tiers du monde (appelés "monde majoritaire"), les enfants qui pourraient le plus bénéficier d'une éducation de qualité sont, en règle générale, les moins susceptibles d'avoir accès à de bons programmes aux niveaux préprimaire ou primaire. Ces enfants ont également moins de chances d'aller jusqu'au bout de leur scolarité, perpétuant ainsi les cycles intergénérationnels de la pauvreté et de l'inégalité (Arnold *et al.*, 2006). Les exceptions sont

Les résultats sont encourageants, mais ils sont peu nombreux et éloignés les uns des autres. En bref, le défi pour la politique consiste autant à "préparer les écoles pour les enfants" qu'à "préparer les enfants pour l'école" (Myers et Landers, 1989).

Du point de vue de l'enfant, ce défi se traduit par une "préparation à des transitions réussies". La croissance rapide des services d'éducation et d'accueil de la petite enfance (EAJE) signifie que dans de nombreuses sociétés, ces questions de "transition" deviennent plus complexes, en particulier lorsque les politiques et les services relatifs à la petite enfance et à l'école primaire ne sont pas coordonnés. Les enfants doivent alors s'adapter à des environnements, des attentes et des cultures très différents. Tout aussi préoccupante, la relation entre l'école maternelle et l'école peut être coordonnée par la "scolarisation" de l'école maternelle. La recherche d'un "partenariat fort et égal" entre la petite enfance et l'enseignement primaire offre une vision plus positive de la préparation à la transition entre le développement de la petite enfance et l'enseignement primaire.

A partir des études des chercheurs susmentionnés, il a été possible pour le chercheur d'atteindre l'objectif d'établir les services situationnels de DPE fournis aux enfants afin de faciliter une transition en douceur du DPE à l'école primaire, d'analyser et de rédiger des recommandations.

2.2.7 La vision du DPE

Le MOEST et la Fondation Benard Van Lee ont mené le projet d'expérimentation sur l'éducation préscolaire de 1972 à 1982 (UNESCO 2005). L'objectif principal était d'améliorer la qualité des services à la petite enfance en développant des lignes directrices et des programmes pédagogiques et de formation. L'intérêt pour la qualité suscité par le projet a mis en lumière l'importance du sous-secteur de la création pour le DPE et a conduit à la circulaire présidentielle n° 1 de 1980, qui confiait au MOEST la responsabilité de l'enseignement préscolaire pour les enfants de 3 ans et plus à 5 ans et plus. Aujourd'hui encore, le gouvernement s'efforce d'intégrer le sous-secteur du développement du jeune enfant au sein du ministère de l'éducation.

Cependant, après la déclaration de Jomtien de 1990 sur l'éducation pour tous, qui stipule que l'apprentissage commence à la naissance, le MOEST a intégré les enfants de moins de 3 ans dans le cadre de l'éducation préscolaire par le biais du plan de développement 1989-93. Cette étape importante a permis de placer l'ensemble de la tranche d'âge de la petite enfance, de la naissance à plus de 5 ans, sous les auspices du secteur de l'éducation.

Un projet de la Banque mondiale a été entrepris de 1997 à 2004 et a fourni au gouvernement une autre occasion importante d'élargir sa vision de la petite enfance. Le projet a souligné l'importance de répondre aux besoins nutritionnels et sanitaires des enfants ainsi qu'à leurs besoins d'apprentissage. Par conséquent, la préoccupation pour les soins et le développement de l'enfant est entrée explicitement dans le discours du MOEST sur la petite enfance.

Toutefois, cette vision élargie n'a pas cherché à combler les lacunes qui existent dans la mise en œuvre du DPE. Tout d'abord, alors que la prestation de services pour les enfants de plus de trois ans est assurée par les centres de DPE, il n'existe aucune structure de services équivalente pour les enfants de moins de trois ans. En outre, les mères de jeunes enfants se rendent dans les services de santé pour le suivi de la croissance et la vaccination, ce qui est plus ou moins le seul soin qu'elles apportent à leurs jeunes enfants.

Les visions du MOEST sur le DPE ont conduit le gouvernement à comprendre la nécessité d'éclairer les communautés et les diverses organisations sur l'importance de la préparation du DPE pour la transition du DPE au primaire, ce qui nous a permis d'avoir une vue d'ensemble des effets du DPE et du programme de l'école primaire sur la préparation à la transition. Par conséquent, nous avons pu atteindre l'objectif que nous nous étions fixé.

2.2.8 Impact de l'enseignement primaire gratuit sur l'éducation et la protection de la petite enfance au Kenya

La gratuité de l'enseignement primaire, introduite au Kenya en 2003, a permis à 1,3 million d'enfants pauvres de bénéficier pour la première fois de l'enseignement primaire grâce à la suppression des frais de scolarité. Le taux brut de scolarisation dans l'enseignement primaire est passé de 86,8 % en 2002 à 101,5 % en 2004. Bien qu'il ait été conçu pour stimuler l'enseignement primaire, le FPE a eu des conséquences dans d'autres domaines de l'éducation, notamment le développement de la petite enfance (DPE). L'objectif de la présente note est de discuter de l'impact de l'EPT sur le développement de la petite enfance au Kenya et d'esquisser deux grandes options politiques susceptibles d'en atténuer les effets négatifs éventuels.

Selon l'UNESCO/OCDE (2004), les études sur les effets de la FPE sur les centres de DPE ont observé que la politique avait un impact négatif sur les centres de DPE accueillant des enfants pauvres. Dans la province du Nord-Est, l'une des régions les plus défavorisées, par exemple, les inscriptions dans les centres de développement du jeune enfant ont fortement diminué depuis la mise en œuvre de la politique d'éducation primaire.

La baisse des effectifs semble être si importante et si répandue que l'on s'inquiète sérieusement de l'"effondrement" des services de DPE. Dans les régions les mieux loties, comme la province de la vallée du Rift et la ville de Nairobi, la baisse des effectifs est observée dans les centres de DPE publics et communautaires, qui accueillent généralement les enfants les plus pauvres, mais pas dans les centres de DPE privés, qui accueillent les enfants les plus aisés.

La principale raison de ce phénomène est que, depuis la mise en œuvre de l'enseignement primaire obligatoire, les parents pauvres choisissent de retirer leurs enfants des centres de développement de la petite enfance et/ou de les garder à la maison jusqu'à ce qu'ils atteignent l'âge d'entrer à l'école primaire. Ils refusent de payer les frais de DPE au motif que le DPE, comme l'enseignement primaire, devrait être gratuit. La baisse des inscriptions s'est traduite par une diminution des salaires des enseignants de DPE. Au Kenya, les salaires des enseignants de DPE sont dans la plupart des cas couverts par les frais de scolarité des parents, contrairement à leurs homologues des écoles primaires qui sont payés par le gouvernement selon un barème officiel des salaires des enseignants. Dans les centres de DPE, les frais parentaux sont payés proportionnellement au nombre d'enfants inscrits et sont principalement, voire entièrement, utilisés pour couvrir les salaires des enseignants.

Ainsi, le niveau de rémunération des enseignants dépend du nombre total d'enfants inscrits et de la capacité des parents à payer les frais de scolarité. Par conséquent, la réduction du nombre d'inscriptions au DPE provoquée par la FPE a été un coup dur pour les enseignants, dont la rémunération était déjà maigre et instable avant l'introduction de la FPE. Les parents étant de plus en plus réticents à payer pour le DPE, la FPE a rendu encore plus difficile la mobilisation des ressources des parents pour le DPE. Les cas de précarité accrue et de fermeture de centres de DPE se multiplient, en particulier dans les communautés pauvres (UNESCO/OCDE, 2004).

La FPE a également eu des conséquences inattendues sur le développement du jeune enfant en termes d'allocation de ressources. Les classes de développement du jeune enfant installées dans les locaux des écoles primaires publiques ont été fermées pour faire face à l'augmentation des inscriptions dans l'enseignement primaire provoquée par l'EPT. Dans certains cas, les enfants et les enseignants du DPE doivent s'accommoder d'un espace réduit ; dans d'autres, ils ont été déplacés dans les salles de classe les plus mauvaises de l'établissement. Au niveau des districts, l'inspection et la supervision des centres de développement de la petite enfance, dont une partie est effectuée par les inspecteurs scolaires de zone basés dans les districts, seraient devenues moins fréquentes. Chargés par le gouvernement de suivre de près les progrès de l'éducation primaire universelle, les inspecteurs de zone passent plus de temps à visiter les écoles primaires, ce qui laisse peu de place au travail avec les centres de développement de la petite enfance.

Pour résoudre les principaux problèmes causés par l'éducation primaire universelle, il est nécessaire d'offrir une année gratuite d'éducation préprimaire à tous les enfants de cinq ans - l'année précédant l'entrée à l'école primaire - dispensée par des enseignants subventionnés par l'État. L'autre objectif est de permettre aux centres de développement de la petite enfance de continuer à assurer le développement continu et holistique des enfants en accordant de petites subventions gouvernementales aux enseignants travaillant dans les communautés pauvres, quel que soit le groupe d'âge dont ils s'occupent. Bien que le gouvernement ait décidé de soutenir efficacement les centres publics de développement de la petite enfance au Kenya, il reste encore beaucoup à faire.

La deuxième lacune concerne la mise en œuvre des principes de développement du jeune enfant chez les enfants de plus de trois ans. De nombreux centres de DPE mettent tellement l'accent sur l'alphabétisation et le calcul qu'ils sont essentiellement des centres d'enseignement primaire précoce plutôt que des centres de DPE.

Dans de nombreuses salles de classe de DPE, y compris celles destinées aux enfants de plus de trois ans, les enfants sont disposés en rangées de chaises et de bureaux face à l'enseignant qui se tient devant un tableau noir. Il existe des méthodes pédagogiques centrées sur l'enfant, mais elles ne sont utilisées que par quelques services privés dans les zones urbaines. C'est particulièrement le cas chez les parents pauvres et illettrés. Malheureusement, cette faible pression parentale peut transformer les centres de DPE en établissements d'enseignement primaire précoce de facto. De plus, dans de nombreuses régions pauvres, les centres de DPE ne sont que des classes préparatoires à l'enseignement primaire, destinées aux enfants non scolarisés de plus de 7 ou 8 ans (Guidelines for Training CD Trainers, 2001).

2.2.9 Baisse des taux d'activité et accroissement des inégalités

Une enquête réalisée en 1969 au Kenya a recensé environ 200 000 enfants inscrits dans 4 800 centres avec environ 5 000 enseignants. Le nombre de centres de DPE a augmenté régulièrement et, après une stagnation du VIH de 15 % entre 1993 et 2000, le taux d'inscription a fait un bond de 50 % au cours des trois années suivantes. Le TBS actuel (2001/02) dans le préscolaire est officiellement de 35%, bien que les propres statistiques du gouvernement semblent montrer un TBS de 48% en 1998, tombant à 41% en 2002. Le TBS est normalement calculé en divisant le nombre d'enfants de tout âge inscrits dans le préscolaire par le nombre estimé d'enfants de 3+-3+ ans (UNESCO, 2005).

Le Background Report of Kenya (2002) montre que les inscriptions ont augmenté de façon durable, passant de 1 076 606 à 1 281 846 entre 1998 et 2002. Les TBS n'ont connu qu'une légère baisse entre 1998 et 2002. Toutefois, un examen plus approfondi des chiffres révèle deux tendances inquiétantes. Tout d'abord, les TBS dans l'enseignement préscolaire ont clairement diminué depuis 1998, passant de 48 % à 41 %, et la baisse globale la plus importante a eu lieu entre 1998 et 1999, avant que l'option FPE ne soit mise en place. Deuxièmement, alors que le TBS de 1998 était à peu près le même pour les garçons et les filles, un écart de 4 % en faveur des garçons s'est creusé en 2001 et s'est amplifié jusqu'à devenir

6 % en 2002. De ce qui précède, l'étude a montré que la scolarisation globale a manifestement augmenté depuis 1993, mais qu'elle s'est accompagnée d'une baisse variable des TBS au cours des dernières années, avant l'introduction de la FPE. Si cette baisse antérieure des taux de participation est confirmée, d'autres facteurs ont dû affecter la scolarisation, comme la baisse du revenu par tête, au cours de la même période.

L'étude souhaite donc conclure qu'étant donné les inégalités géographiques, de genre et socio-économiques évidentes dans l'accès au DPE, la politique de DPE du gouvernement devrait prendre en compte ces réalités préoccupantes, notamment en donnant la priorité à l'équité en tant qu'objectif politique et en concentrant les ressources limitées du gouvernement sur l'amélioration de l'accès des enfants défavorisés aux services de base de DPE.

2.2.10 Qualité de l'enseignement et du programme d'études

Les enfants sont souvent confrontés à des différences marquées dans les programmes scolaires lorsqu'ils entrent à l'école primaire. Alors que les programmes de la petite enfance ont tendance à être organisés par domaines d'apprentissage (cognitif, physique, social, etc.), les écoles primaires se concentrent souvent sur des matières (par exemple la lecture, les mathématiques et les sciences). Shaeffer (2006) résume le défi comme suit : "Pour faciliter la transition, devons-nous formaliser l'informel ... ou déformaliser ce qui est habituellement considéré comme formaΓP.7 Malheureusement, la première solution semble être la tendance. Certains pays ont essayé d'assurer une plus grande cohérence des programmes en développant un programme intégré pour l'enseignement préprimaire et primaire, organisé autour des cycles de développement de l'enfant. Cette approche est adoptée dans le projet de transition du préprimaire au primaire en Jamaïque et dans le projet de transition de l'école maternelle à l'école primaire en Guyane (UNESCO, 2006).

La Suède a élaboré trois programmes d'études interdépendants basés sur un ensemble commun d'objectifs et de valeurs pour l'apprentissage des enfants de l'âge de 1 à 18 ans. L'un des risques d'un tel alignement des programmes scolaires et de la petite enfance est la "scolarisation" de l'éducation et de la protection de la petite enfance. Un avantage possible est que l'alignement favorise une synergie des cultures (Neumann, 2005).

Le soutien à la continuité pédagogique pour les enfants qui passent d'un cadre éducatif à un autre nécessite des environnements d'apprentissage qui favorisent les interactions positives entre l'enseignant et l'enfant. Des classes plus petites sont nécessaires. La réduction du nombre d'enfants scolarisés avant qu'ils n'atteignent l'âge normal d'entrée à l'école pourrait grandement contribuer à résoudre le problème des classes surchargées dans certains pays (Arnold *et al.*, 2006). La présence d'enfants beaucoup plus âgés dans les classes de première année peut également rendre l'enseignement difficile. Il est important que les programmes pour la petite enfance et les écoles primaires se concentrent sur la continuité de la pédagogie et des méthodes tout au long de la période de la petite enfance - de la naissance à l'âge de 8 ans - si l'on veut que cette continuité soit fondée sur un "partenariat fort et égal" plutôt que sur la "scolarisation". En effet, de nombreuses classes de première et deuxième année pourraient bénéficier du matériel pédagogique que l'on trouve couramment dans les centres de la petite enfance, par exemple dans le cadre du programme Releasing Confidence and Creativity (libérer la confiance et la créativité) au Pakistan. Bodh Shiksha Samiti en Inde et Escuela Nueva en Colombie impliquent des classes multi-niveaux qui utilisent un programme d'études actif, des méthodes et des plans de cours qui répondent à des capacités et des intérêts différents (UNESCO, 2006).

Dans certains cas, des liens plus étroits entre les programmes pour la petite enfance et les écoles peuvent tirer parti des points forts des deux approches pédagogiques. Par exemple, les écoles primaires peuvent devenir plus centrées sur l'enfant et les programmes pour la petite enfance peuvent se concentrer davantage sur le développement des compétences dont les enfants ont besoin pour réussir à l'école (OCDE, 2001). La planification de la continuité pédagogique va au-delà de la coordination des institutions et des programmes scolaires. Les enseignants et les concepteurs de programmes scolaires doivent tenir compte des différences au sein de tout groupe d'enfants, de leur situation familiale, de leurs expériences antérieures et de leurs aptitudes (Petriwskyj *et al.*, 2005). En conséquence, les enseignants doivent être aidés à comprendre et à travailler avec les enfants en tant qu'individus uniques, ce qui est particulièrement difficile dans de nombreuses régions du monde où les classes de début d'études sont nombreuses.

Il a été affirmé que l'école maternelle et l'école primaire sont fondées sur des philosophies, des modèles d'organisation et des pratiques pédagogiques différents et que la transition de l'une à l'autre nécessite une attention particulière (Germeten, 1999 ; Larsen, 2000). Les approches qui tentent de fusionner les deux traditions en créant une première année spéciale à l'école primaire, comme c'est le cas en Norvège depuis 1997, ont été critiquées parce qu'elles partent du principe que l'école puissante contrôlera les processus pédagogiques de la première année, ce qui n'est pas souhaitable (Haug, 1995, 2005). L'approche pédagogique spécifique à l'école maternelle devrait plutôt être appliquée aux enfants de 6 ans également. Pour assurer une transition réussie pour tous les jeunes enfants, il est nécessaire de poursuivre les recherches sur l'organisation, les objectifs et la pédagogie de l'école maternelle et des premières classes de l'école primaire. Dans le même temps, la nature holistique de l'apprentissage du jeune enfant ne doit pas servir d'excuse pour bannir l'apprentissage séquentiel ou l'apprentissage émergent de la lecture, de l'écriture et du calcul dans les centres de la petite enfance. Les jeunes enfants ont un profond désir de communiquer et d'imiter. Le plaisir qu'ils éprouvent à utiliser ce que Reggio Emilia appelle "les cent langues des enfants "P22. (Edwards *et al.*, 1993) doit être nourri et peut être canalisé vers la préparation à l'école, sans pression excessive pour atteindre un niveau de connaissance ou de compétence pré-spécifié à un âge donné (Lpfö, 1998).

L'une des principales approches politiques a mis l'accent sur le rôle des services d'EAJE dans la préparation des enfants à l'école et à sa culture bien établie. Cela se traduit par des programmes d'éducation pré-primaire qui donnent la priorité à l'adaptation des enfants à l'école et à leurs performances scolaires, notamment en matière de lecture, d'écriture et de calcul. Ces évolutions ont créé des pressions sur les programmes d'éducation préscolaire et ont conduit certains à s'inquiéter de la "scolarisation" de l'EAJE, c'est-à-dire de la transposition dans l'EAJE des objectifs et pratiques traditionnels de l'école obligatoire. Ces pressions ne proviennent pas uniquement du système scolaire. Les objectifs des parents pour leurs enfants varient, mais la maîtrise précoce des apprentissages scolaires est souvent une priorité (Weikart, 1999).

Dans quelques pays, une certaine attention politique a été accordée à "la transposition à l'école primaire de certains des principaux atouts pédagogiques de la pratique de la petite enfance, par exemple l'attention portée au bien-être des enfants, l'apprentissage actif et expérientiel, la confiance dans les stratégies d'apprentissage des enfants, en évitant de mesurer et de classer les enfants" (Bennett, 2006). En Suède, par exemple, lorsque les écoles maternelles ont été intégrées au système éducatif en 1996, le premier ministre de l'époque, Göran Persson, a parlé de l'ECEC comme de "la première étape vers la réalisation d'une vision de l'apprentissage tout au long de la vie", ajoutant que "l'école maternelle devrait influencer au moins les premières années de la scolarité obligatoire "P10-11 (Korpi, 2005).

Si les écoles maternelles et les écoles doivent être des partenaires égaux à l'avenir, il faut éviter qu'une tradition prenne le pas sur l'autre. Au contraire, les services de la petite enfance et de l'enseignement primaire doivent travailler ensemble (et avec les parents et les communautés) pour créer une vision nouvelle et partagée de l'enfant, de l'apprentissage et de la connaissance, en reconnaissant "... l'enfant comme un constructeur de culture et de connaissance... [qui] est également actif dans la construction - la création - de lui-même à travers l'interaction avec l'environnement "P. [qui] est également actif dans la construction - la création - de lui-même à travers l'interaction avec l'environnement "P. 13 (Dahlberg et Lenz Taguchi, 1994). Cette relation, dans laquelle aucune culture ne prend le dessus sur l'autre, envisage de se réunir dans un "lieu de rencontre pédagogique" pour créer et mettre en pratique une culture commune. Cela peut constituer la base d'un "partenariat fort et égal" (OCDE, 2001, 2006) entre les services d'EAJE et l'école, assurer un meilleur accès à l'éducation et à la formation.

la continuité entre les expériences éducatives précoces des enfants, et favoriser une bonne préparation aux transitions.

La contribution institutionnelle à une transition réussie suppose des contacts fréquents entre les services de la petite enfance et l'école, dans le cadre d'un partenariat fort et équitable. En réalité, les relations entre l'enseignement primaire et le secteur de la petite enfance sont souvent unilatérales. Les écoles et les centres de la petite enfance n'interagissent pas suffisamment les uns avec les autres, souvent parce que les services de la petite enfance ont tendance à être considérés comme le partenaire le plus faible. Cette situation doit changer et le rôle éducatif du secteur de la petite enfance doit être reconnu. En effet, l'accent mis sur les stratégies d'apprentissage naturelles de l'enfant devrait être respecté et reflété dans les premières classes de l'école primaire. La création d'une classe spéciale pour les enfants l'année précédant leur entrée à l'école obligatoire, qui introduit à l'école la pédagogie de la petite enfance, avec ses approches holistiques et investigatrices de l'apprentissage, montre l'importance de ces dispositions institutionnelles.

Les écoles d'autres pays assurent la continuité des processus éducatifs d'une manière différente, en transposant les processus éducatifs séquentiels et disciplinaires de l'école primaire dans l'éducation préscolaire. Cette approche présente certaines faiblesses. Les jeunes enfants placés dans une situation trop formelle, semblable à celle de l'école, dès leur plus jeune âge, sont privés de l'expérience d'une pédagogie de la petite enfance appropriée où ils peuvent suivre leurs propres voies d'apprentissage et apprendre l'autorégulation à leur propre rythme. Des recherches menées en France, au Royaume-Uni et aux États-Unis d'Amérique suggèrent que si les jeunes enfants issus de familles alphabétisées et solidaires peuvent bien réussir dans des classes d'enseignement comptant 20 enfants ou plus, ce n'est pas nécessairement le cas pour les enfants issus de milieux à faibles revenus et parlant une seconde langue (Barnett et Boocock, 1998 ; Barnett *et al.*, 2004 ; National Institute of Child Health and Human

Development (NICHD), 2000 ; Shonkoff et Philips, 2000 ; Blatchford *et al.*, 2002 ; Piketty et Valdenaire, 2006). Ces enfants ont besoin de classes plus petites et d'une attention plus individuelle. Mais de nombreux gouvernements s'opposent fermement à de tels ratios et à la qualification des enseignants, qu'ils jugent à la fois inutiles et trop coûteux.

Selon l'UNESCO (2005), le développement du jeune enfant au Kenya ne fait pas partie du système éducatif 8-4-4. Cela isole les enseignants de DPE de leurs homologues du primaire en termes de salaire et de statut. Par conséquent, les premiers se sentent inférieurs aux seconds. Dans les centres de développement de la petite enfance appartenant à la communauté et ceux rattachés aux écoles primaires publiques, le comité de développement de la petite enfance décide du montant que chaque parent doit payer, en tenant compte de l'âge et du sexe de l'enfant.

le niveau de revenu des parents
Les salaires ne sont donc pas stables et fluctuent chaque mois en fonction du niveau de contribution des parents. D'autres enseignants sont payés pour se rendre au domicile des enfants afin d'en assurer la garde. Le projet de la Banque mondiale comprenait un vaste programme de formation continue, avec un cours régulier de deux ans et un nouveau cours de courte durée de cinq semaines. Pendant la durée du projet (1996/97-2001/02), le rapport entre le nombre d'élèves et le nombre d'enseignants formés est passé de 89 à 41, ce qui a grandement contribué à la qualité du développement de la petite enfance.

L'UNESCO (2005) signale que les responsables des DICECE organisent des réunions, des séminaires et des ateliers pour les enseignants du DPE dans le cadre du développement et du soutien professionnels continus. Il semble qu'il appartienne aux DICECE de déterminer comment ils offriront ces facilités. De plus, les thèmes couverts par les séminaires et les ateliers sont déterminés par les DICECE sur la base de leur observation des besoins. Selon l'UNESCO (2005), le programme de DPE est axé sur des méthodologies interactives. Cependant, de nombreux enseignants estiment qu'il est plus facile de revenir à l'enseignement de l'alphabet et des membres, en particulier lorsque peu de matériel est disponible pour l'expression créative ou le développement de la motricité fine. Même si le matériel d'enseignement/apprentissage est disponible, il a tendance à rester dans les cartons.

Au Kenya, le développement de la petite enfance concerne le développement holistique des enfants âgés de 0 à 5 ans. Le développement de la petite enfance est sous la responsabilité du MOEST. Selon l'UNESCO (2005), la loi actuelle sur l'éducation et la formation n'inclut pas le développement de la petite enfance. Le seul cadre politique qui oriente la fourniture de DPE par le MOEST est la politique de partenariat stipulée pour la première fois dans le document de session n° 6 de 1988 et le plan de développement national de 1988/1993. Il convient de noter que l'absence du DPE dans la loi actuelle sur l'éducation et la formation dénote un manque de statut législatif, ce qui a depuis lors affecté toute mise en œuvre de politique légale concernant le DPE. Cette absence de statut législatif a également conduit à l'absence d'une terminologie universelle pour désigner le DPE. Bien que la politique ait été mise en place en 2006.

Au Kenya, les établissements d'accueil et d'éducation de la petite enfance (EAJE) sont connus sous un large éventail de termes, dont garderie, école maternelle, jardin d'enfants et établissement préscolaire. Dans ce rapport, le terme "préscolaire" fait référence à toutes les institutions accueillant des enfants âgés de moins de huit ans. Il s'agit des premières institutions créées au Kenya dans les années 1940, dans les zones urbaines, pour les enfants européens et asiatiques. Les premières écoles maternelles pour enfants africains ont été créées dans les zones urbaines, les plantations de café, de thé et de sucre. Plus tard, dans les années 1950, pendant la lutte des Mau Mau pour l'indépendance, les écoles maternelles ont été créées dans les villages d'urgence de la province centrale. Ces centres assuraient la garde des enfants pendant que leurs mères étaient astreintes au travail forcé (Gakuru, 1987).

Après l'indépendance, le programme d'éducation préscolaire s'est considérablement développé dans tout le pays. Il s'agissait de répondre à l'intensification des changements socio-économiques et à d'autres forces de développement, ainsi qu'à l'appel de feu le président Kenyatta en faveur de "*Harambee*", c'est-à-dire de l'auto-assistance, dans la construction de la nation. Depuis l'indépendance, le programme n'a cessé de croître en termes d'inscriptions, de nombre d'enseignants, d'écoles et de parrains. Par exemple, en 1986, 657 688 enfants étaient inscrits dans 12 186 écoles avec 16 182 enseignants. En 1991, ces chiffres étaient passés à 908 966 enfants, 17 650 écoles et 24 809 enseignants. Pour la scolarisation, il s'agit d'une croissance significative de 38,2 %. La couverture est cependant restée relativement faible, puisque seuls 30 % environ des enfants âgés de 3 à 6 ans bénéficient de ce service (Kabiru, 1993).

L'une des caractéristiques remarquables des écoles maternelles au Kenya est qu'elles s'adressent à l'ensemble des couches sociales, économiques, culturelles et géographiques de la société. Au Kenya, les services offerts aux jeunes enfants avant 1970 étaient très médiocres. Cela était principalement dû à un manque d'intervention et de coordination de la part du gouvernement. En conséquence, le contenu des programmes et la méthodologie utilisés dans les écoles maternelles étaient très différents et souvent inadaptés aux jeunes enfants. Il n'existait pas non plus de programmes de formation correctement organisés pour les enseignants ; la majorité d'entre eux n'étaient donc pas formés. Une enquête menée par le ministère des Coopératives et des Services sociaux en 1971 a révélé que sur 5 000 enseignants, seuls 400 avaient reçu une formation de base sur les aspects de l'éducation préscolaire (Njenga, 1992).

Les enseignants non formés manquaient de connaissances et de compétences adéquates pour offrir aux enfants des expériences d'apprentissage riches et stimulantes. Leurs salles de classe ne disposaient pas de matériel d'apprentissage et de jeu, et ils utilisaient donc des méthodes d'apprentissage par cœur et des méthodes d'enseignement par la parole et la craie. Il n'y avait pas non plus de programme d'études organisé ou d'autres supports à utiliser dans les écoles maternelles. Face à ce problème, les enseignants ont utilisé des méthodes d'enseignement formelles équivalentes à celles utilisées dans les écoles primaires avec des enfants plus âgés. Face à cette réalité, le gouvernement kenyan, par l'intermédiaire du ministère de l'éducation (MOE) et avec l'aide de la Fondation Bernard Van Leer, a lancé en 1971 un projet de recherche appelé Projet d'éducation préscolaire, basé à l'Institut kenyan de l'éducation (KIE).

L'objectif principal du projet était d'améliorer la qualité de l'éducation préscolaire en développant des modèles de formation viables pour le personnel de l'EPPE, ainsi que des programmes d'études et d'autres matériels de soutien à l'usage des enfants, des personnes interrogées. Suite à la prise de conscience de l'importance de l'éducation préscolaire, le ministère de l'éducation a créé une section préscolaire au sein de la KIE. Cette section a assumé toutes les responsabilités du projet. Cependant, pendant toute cette période, et jusqu'en 1979, le ministère de la Culture et des Services sociaux était responsable de l'éducation préscolaire. En 1980, cette responsabilité a été transférée au ministère de l'éducation. En réponse à cette circulaire, des sections préscolaires ont été créées au siège du ministère de l'éducation et au département de l'assurance qualité. Le siège supervise les questions administratives, notamment la coordination de tous les partenaires (locaux et extérieurs), l'enregistrement des établissements préscolaires, la coordination des subventions gouvernementales et des fonds provenant de donateurs extérieurs, et la mise à disposition de personnel d'EPPE à tous les niveaux. Il est également responsable de la formulation des lignes directrices de la politique d'EPPE.

Programme ECCE (Ministère de l'éducation, Kenya. Statistiques annuelles : 1992).

En 1985, les centres de district pour l'éducation de la petite enfance (DICECE), les bras de district du Centre national pour l'éducation de la petite enfance (NACECE), ont été créés dans le but de décentraliser la gestion du programme de développement de la petite enfance au niveau du district. Les villes de Nairobi, Mombasa et Kisumu ont des CICECE ou des MUCECE. Les DICECE, CICECE et MUCECE sont responsables de l'organisation et du suivi de la formation des enseignants du préscolaire, de l'inspection des établissements préscolaires, de la mise en œuvre des programmes de sensibilisation et de mobilisation des parents, de la recherche et de la coordination avec d'autres partenaires. Ce fut le début du processus de décentralisation du fonctionnement et de la gestion des DPE (UNESCO, 2005).L'étude souhaite toutefois souligner qu'en dépit de ces premiers efforts de décentralisation, la gestion et la coordination globales des programmes de DPE au niveau national relèvent de la responsabilité d'un comité intersectoriel appelé Groupe de soutien à la gestion de projet (PMSG). Le PMSG est présidé par le directeur adjoint principal de l'enseignement primaire du MOEST et se compose de représentants de haut niveau du MOEST, de la Commission du service des enseignants (TSC), du ministère des Finances, du ministère de la Santé et de l'Université Kenyatta. Ses principales fonctions sont de formuler des politiques et de donner au gouvernement des conseils sur les questions liées au développement de la petite enfance. Selon l'étude de la Banque mondiale (2001), le gouvernement, les parents, les communautés et le secteur privé sont les principales sources de financement et de soutien du DPE. La plus grande source d'aide extérieure de ces dernières années a été le projet de prêt de la Banque mondiale pour le développement de la petite enfance (1996/7 - 2003/2004), ciblant les enfants défavorisés âgés de plus de 8 ans et leurs parents.

Le plan stratégique du secteur de l'éducation et les matrices de mise en œuvre P2 (2003-2007), les principaux documents de mise en œuvre de la politique d'éducation du Kenya, énoncent les objectifs suivants pour le développement de la petite enfance :

(i) Améliorer l'accès et la participation au développement du jeune enfant, notamment en portant le taux brut de scolarisation à 70 % d'ici à 2002.

(ii) Améliorer la qualité des services de DPE à tous les niveaux d'ici 2007.

(iii) Mettre en œuvre des approches alternatives et complémentaires de développement de la petite enfance (par exemple, à domicile et fournies par l'employeur) d'ici à 2005.

(iv) Améliorer la gestion du développement de la petite enfance et la prestation de services.

Il convient de noter que les objectifs susmentionnés sont alignés sur ceux du plan national d'EPT (Éducation pour tous). En outre, ces objectifs ouvrent la voie à la préparation de la transition entre le DPE et l'enseignement primaire. Cette analyse documentaire nous a permis d'avoir une vue d'ensemble des quatre objectifs spécifiques, à savoir les services situationnels, le programme d'enseignement préscolaire et primaire, les pratiques actuelles et les facteurs environnementaux externes sur la préparation des enfants à la transition du préscolaire à l'école primaire. Cela nous a permis de formuler des questionnaires, de collecter des données, d'analyser et de rédiger des recommandations.

2.3 Résumé de l'analyse documentaire

La littérature précédente a passé en revue les questions relatives à la transition entre l'éducation au développement de la petite enfance et l'école primaire au Kenya. Un nombre croissant d'analyses empiriques (discutées ci-dessus) indique clairement la nécessité d'une gestion efficace de la transition entre le développement de la petite enfance et l'école primaire au Kenya. Cette étude est donc unique parce qu'elle a identifié le besoin de pratiques de transition et établi si certains enfants sont plus à risque que d'autres de connaître une transition difficile. La vision du développement du jeune enfant, l'impact de l'enseignement primaire gratuit sur le développement du jeune enfant, la baisse des taux de participation et l'accroissement des inégalités, ainsi que la qualité de l'enseignement et du programme scolaire ont également été examinés dans ce chapitre. Le chapitre suivant traite de la conception et de la méthodologie de la recherche.

CHAPITRE TROIS
CONCEPTION DE LA RECHERCHE ET MÉTHODOLOGIE

3.1 Introduction

La méthodologie est la théorie et l'analyse de la manière dont la recherche est effectuée et devrait être effectuée. C'est le plan d'action qui détermine le choix et l'application de méthodes particulières et les relie aux résultats souhaités. Ce chapitre présente la conception de la recherche, le domaine d'étude, la population cible, la taille de l'échantillon et les procédures d'échantillonnage, les instruments de collecte des données, la validité et la fiabilité des instruments de recherche, les procédures de collecte des données et les procédures d'analyse des données.

3.2 Conception de la recherche

Un plan de recherche est un arrangement de base des conditions de collecte et d'analyse des données qui vise à combiner la pertinence par rapport à l'objectif de la recherche et l'économie de la procédure. Cette étude a utilisé un modèle d'enquête descriptive. La recherche par enquête traite de l'incidence, de la distribution et des interrelations des variables éducatives. Elle recueille des données à un moment donné dans le but de décrire la nature des conditions existantes, d'identifier les normes auxquelles les conditions existantes peuvent être comparées et de déterminer la relation qui existe entre des événements spécifiques (Orodho, 2005).

Le modèle de recherche par enquête a été utilisé parce que la population étudiée était trop importante pour être observée directement et parce qu'il a permis au chercheur d'utiliser des questionnaires comme méthode de collecte des données. L'étude actuelle visait à déterminer le degré de préparation des enfants au passage du DPE à l'enseignement primaire dans les centres de DPE et les écoles primaires du district de Keiyo.

Le chercheur a également examiné les aspects suivants : Les services situationnels de DPE fournis aux enfants pour faciliter une transition en douceur, les effets du programme scolaire sur la préparation des enfants à la transition du DPE à l'école primaire et également si les pratiques actuelles traitent de la préparation des enfants à la transition du DPE à l'école primaire. Ces aspects ont été bien étudiés grâce à l'utilisation d'une enquête descriptive. La recherche par enquête était donc utile parce qu'elle permettait de prendre un échantillon de la population pour généraliser les résultats à l'ensemble de la population.

3.3 Zone d'étude

Cette étude a été réalisée dans le district de Keiyo, dans la province de la vallée du Rift. Le district est bordé au nord par le district de Marakwet, à l'est par Baringo, au sud par le district de Koibatek et à l'ouest par le district d'Eldoret East. (Une carte de la zone d'étude figure à l'annexe I).

3.4 Population de l'étude
La population cible de cette étude était constituée des enseignants du DPE et de l'école primaire (première classe), des directeurs d'école primaire, des responsables des normes d'assurance qualité et des responsables du DPE dans le district de Keiyo. Le cadre d'échantillonnage de la population est présenté dans le tableau 3.0.

Tableau 3.0 Population cible

	Catégorie	Population cible
1	Enseignants du DPE	86
2	Enseignants de l'enseignement primaire (première classe)	43
3	Formateurs DICECE	8
4	QASO	1
5	Chefs d'établissement	43
	TOTAL	181

Les directeurs d'école et les enseignants ont été inclus dans l'étude parce qu'ils sont les diffuseurs des connaissances, des attitudes et des compétences impliquées dans la transition entre le développement de la petite enfance et l'école primaire. Ils déterminent également le moment où un enfant peut passer d'un niveau à l'autre. Les enseignants façonnent également l'environnement scolaire dans lequel l'enfant apprend. Les formateurs DICECE et les responsables QASO ont été inclus car ils supervisent la mise en œuvre des politiques du ministère de l'éducation dans l'environnement scolaire en ce qui concerne la transition de l'école maternelle à l'école primaire. Ils préparent également des rapports réguliers sur les installations physiques, les ressources pédagogiques et les équipements nécessaires à la mise en œuvre de la transition entre le développement de la petite enfance et l'école primaire.

3.5 Taille de l'échantillon et procédure d'échantillonnage

Le chercheur a stratifié les écoles en deux catégories : les écoles primaires publiques et les écoles primaires privées. Un échantillonnage aléatoire simple a été utilisé pour sélectionner une école primaire privée dans chaque division. Par conséquent, un total de 2 (30 %) écoles primaires privées et de centres privés de développement du jeune enfant ont été inclus dans cette étude. Un échantillonnage aléatoire simple a été utilisé pour sélectionner 13 (30%) écoles primaires dans le district. Sept écoles primaires ont été sélectionnées au hasard dans la division de Kamariny et six dans la division de Bugar, comme le montre le tableau 3.1. Au total, 13 écoles primaires (privées et publiques) ont participé à cette étude. La taille de l'échantillon représente 30% de la population cible, ce qui est conforme à Kerlinger (1983) qui affirme qu'un échantillon de 30% est représentatif de la population à étudier.

Tous les directeurs des 13 écoles sélectionnées ont participé à cette étude. Le chercheur a également inclus à dessein deux enseignants du développement du jeune enfant dans chacune des écoles sélectionnées, car il les a considérés comme utiles pour fournir des informations sur la préparation à la transition ; 26 enseignants du développement du jeune enfant ont donc été inclus dans l'étude.

L'étude a inclus tous les directeurs d'école et un enseignant de première année dans les écoles sélectionnées. Trois formateurs DICECE de la division ont été sélectionnés par échantillonnage aléatoire simple. Le QASO responsable du district de Keiyo a également été inclus dans l'étude car il est au courant de ce qui se passe dans les divisions.

Au total, 56 personnes ont donc participé à cette étude.

Tableau 3.1 Cadre et taille de l'échantillon à Bugar et Kamariny

Catégorie de répondants	Population cible	Taille de l'échantillon
Chefs d'établissement	43	13
Enseignants du DPE	86	26
Enseignants de l'école primaire (première classe)	43	13
Fonctionnaires du DPE	8	3
QASO en charge des divisions	1	1
TOTAL	181	56

3.6 Instruments de recherche

Les instruments de recherche utilisés pour collecter les données sont des questionnaires, un calendrier d'entretien et un calendrier d'observation.

3.6.1 Questionnaires

Ils comprenaient à la fois des questions fermées et des questions ouvertes. Les questions fermées étaient sur l'échelle de Likert (1-5), où 5 représentait très élevé, 4 élevé, 3 modéré, 2 faible et 1 très faible. Les questionnaires ont été élaborés par le chercheur et administrés aux directeurs d'école, aux enseignants du DPE, aux enseignants du primaire (première classe) et aux responsables du DPE. L'avantage du questionnaire est qu'il génère une quantité considérable de données et permet au chercheur d'obtenir une couverture plus large de données descriptives à un coût relativement faible en termes de temps, d'argent et d'efforts. Comme il s'agit d'un instrument de recherche standard, il permet d'uniformiser la manière dont les questions sont posées et de faire des comparaisons entre les personnes interrogées (Cohen & Manion, 1994).

La limite de l'instrument est qu'il ne permet pas une communication face à face, dans les deux sens, avec le chercheur. Le chercheur n'était pas en mesure de clarifier le sens des réponses aux questions mal comprises. Pour résoudre ce problème, le questionnaire a été testé sur un échantillon de la population cible non incluse dans l'étude, afin de déterminer le temps nécessaire pour le remplir et toute autre erreur de compréhension.

3.6.2 Calendrier des entretiens

Un programme d'entretien a été utilisé pour obtenir des réponses du responsable de l'assurance des normes de qualité en charge de toutes les écoles du district de Keiyo. Il a été utilisé comme outil complémentaire au questionnaire. L'entretien en face à face avec le responsable de l'assurance des normes de qualité a été réalisé dans le but d'obtenir des données qualitatives et approfondies, car il a permis d'expliquer l'objectif de l'étude.

3.6.3 Liste de contrôle pour l'observation
Le chercheur a utilisé une liste de contrôle pour observer les services situationnels du développement de la petite enfance, tels que l'assainissement, les installations physiques, les éléments du programme d'alimentation et l'approvisionnement en eau potable. La méthode d'observation a été utilisée pour vérifier la disponibilité des services situationnels dans les centres ECDE.

3.7 Validité et fiabilité des instruments de recherche
3.7.1 Validité
Selon Mugenda et Mugenda (1999), la validité est l'exactitude et la signification des déductions basées sur les résultats de la recherche, c'est-à-dire la mesure dans laquelle les résultats obtenus à partir de l'analyse des données représentent réellement les phénomènes étudiés. Par conséquent, les questionnaires ou les programmes d'entretien sont considérés comme valides lorsqu'ils mesurent effectivement les paramètres prévus. La nécessité de tester la validité de contenu des instruments de recherche est inévitable. Cela a permis de s'assurer que les éléments produits étaient pertinents par rapport aux objectifs de l'étude.

Pour déterminer la validité des éléments du questionnaire, les superviseurs du département de l'enseignement des programmes et des médias éducatifs (CIEM) de l'université Moi les ont examinés, et les suggestions et conseils offerts ont été utilisés pour modifier les éléments de recherche et les rendre plus adaptables à l'étude.

3.7.2 Fiabilité
La fiabilité fait référence à la cohérence d'une mesure de recherche ou à la mesure dans laquelle le questionnaire, en tant qu'instrument de mesure, mesure de la même manière chaque fois qu'il est utilisé dans les mêmes conditions avec les mêmes sujets. Une mesure est considérée comme fiable si les résultats d'une recherche sur le même test effectué deux fois sont similaires. La fiabilité des données assure que la recherche garantira la précision avec laquelle les données sont collectées. Si les mêmes résultats sont obtenus à chaque fois, quel que soit le nombre de fois que vous effectuez une recherche, cela signifie que les données collectées sont fiables (Mugenda & Mugenda, 1999).

Pour s'assurer de la fiabilité du questionnaire utilisé dans cette étude, une étude pilote a été réalisée dans deux (2) écoles primaires en dehors de celles qui constituaient l'échantillon. L'étude pilote a été réalisée dans le district voisin d'Eldoret East. Cette zone a été utilisée pour l'étude pilote parce que les deux districts partagent de nombreux points tels que les caractéristiques des écoles et les zones de recrutement. Par exemple, les écoles accueillent des enfants des deux zones de recrutement et la topographie et les activités économiques des deux districts sont les mêmes.

Les instruments de recherche ont été administrés au même groupe pilote deux fois après un intervalle donné. Le coefficient alpha de Cronbach a été calculé et a donné une corrélation de 0,6, ce qui a été considéré comme suffisamment élevé pour tester la fiabilité (orodho 2009).

3.8 Variables de recherche

L'éducation des DPE était la variable indépendante, tandis que l'éducation à l'école primaire était la variable dépendante. La variable indépendante, c'est-à-dire le développement du jeune enfant, a été manipulée de diverses manières conformément aux objectifs de l'étude afin de déterminer son effet sur l'enseignement primaire, qui est la variable dépendante.

La relation entre les variables indépendantes et dépendantes a été soumise à l'existence de variables intermédiaires liées à la transition de l'éducation au développement de la petite enfance à l'enseignement primaire. La relation entre la variable indépendante et la variable dépendante peut réellement se manifester si les variables intervenantes sont contrôlées dans l'environnement dans lequel la transition a lieu, c'est-à-dire l'environnement d'apprentissage. La relation peut être schématisée comme dans la figure 3.1 ci-dessous :- Variable indépendante Variable dépendante

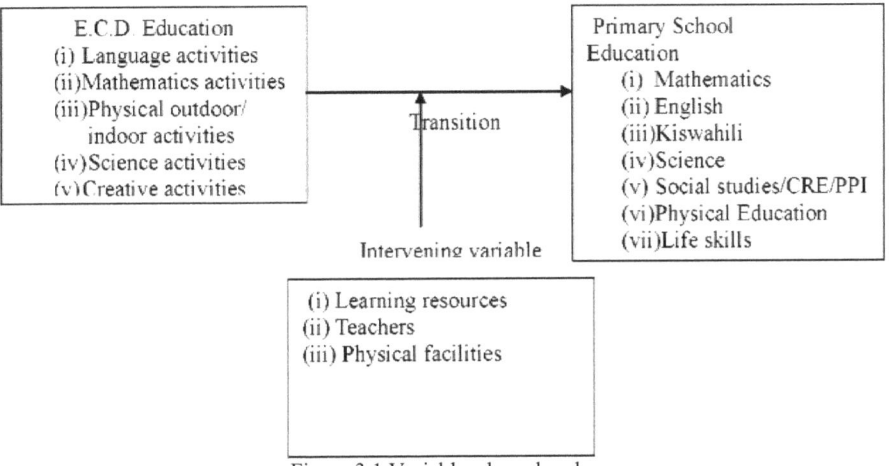

```
┌─────────────────────────────┐                    ┌─────────────────────────────┐
│  E.C.D Education            │                    │  Primary School             │
│  (i) Language activities    │                    │  Education                  │
│  (ii) Mathematics activities│                    │  (i) Mathematics            │
│  (iii) Physical outdoor/    │     Transition     │  (ii) English               │
│      indoor activities      │───────────────────▶│  (iii) Kiswahili            │
│  (iv) Science activities    │                    │  (iv) Science               │
│  (v) Creative activities    │                    │  (v) Social studies/CRE/PPI │
└─────────────────────────────┘                    │  (vi) Physical Education    │
                                    ▲              │  (vii) Life skills          │
                            Intervening variable   └─────────────────────────────┘
                            ┌─────────────────────────┐
                            │ (i) Learning resources  │
                            │ (ii) Teachers           │
                            │ (iii) Physical facilities│
                            └─────────────────────────┘
```

Figure 3.1 Variables de recherche

3.9 Analyse et présentation des données

Les données collectées aux fins de l'étude ont été adoptées et codées pour en vérifier l'exhaustivité et l'exactitude. Les observations tirées des questions fermées ont été présentées sous forme de tableaux et analysées. Des tableaux de fréquence ont été préparés pour les questions ouvertes afin de donner un sens aux données. La méthode de présentation des données comprenait l'utilisation de tableaux de fréquence, de modes et de pourcentages.

3.10 Procédure de collecte des données

Avant de collecter les données, le chercheur a demandé une lettre de présentation au doyen de la faculté d'éducation de l'université Moi, adressée au secrétaire permanent du ministère de l'enseignement supérieur, de la science et de la technologie. Le secrétaire permanent du ministère de l'enseignement supérieur, de la science et de la technologie a ensuite délivré un permis et une lettre d'autorisation pour la réalisation de la recherche. Le chercheur a ensuite informé le commissaire du district et les responsables de l'éducation du district (Keiyo) de son projet de recherche. Leurs lettres d'autorisation ont été recueillies par l'enquêteur. Ensuite, le chercheur est allé collecter des données à l'aide de questionnaires, de calendriers d'entretien et de listes de contrôle d'observation.

3.11 Considérations éthiques

La nature et l'objectif de la recherche ont été expliqués aux personnes interrogées par le chercheur. Le chercheur a reconnu le droit des individus à préserver leur intégrité personnelle. Les participants ont été assurés de l'anonymat, de la confidentialité et de leur capacité à se retirer de l'étude à tout moment s'ils le souhaitaient. Aucun nom ni numéro d'identification de personne ne figurait sur le questionnaire, à l'exception de la numérotation du questionnaire, qui avait pour but d'identifier les données lors de l'édition des données.

3.12 Résumé

Ce chapitre s'est concentré sur la méthodologie de recherche utilisée par le chercheur pour collecter les données de l'étude, sur la conception de la recherche, les techniques de collecte des données, la taille de l'échantillon et la méthode d'échantillonnage, ainsi que sur le processus d'analyse des données. Le chapitre suivant est consacré à l'analyse et à la présentation des données.

CHAPITRE QUATRE
PRÉSENTATION DES DONNÉES, ANALYSE, DISCUSSION ET INTERPRÉTATION

4.1 Introduction

Ce chapitre présente les résultats de l'étude actuelle. Le chercheur a appliqué un modèle de recherche par enquête et a cherché à étudier le degré de préparation des enfants à la transition entre le DPE et l'école primaire. Le chapitre analyse les données recueillies auprès des directeurs d'école, des enseignants du DPE, des enseignants du primaire (première classe), des responsables du DPE et des QASO en charge des divisions à l'aide de tableaux de fréquence et de pourcentages. Au total, 56 répondants ont participé à cette étude. Le QASO responsable du district a été interrogé oralement, tandis que les autres répondants ont reçu un questionnaire à remplir. Les données extraites des questionnaires ont été analysées à l'aide de statistiques descriptives telles que les fréquences et les pourcentages, tandis que les données issues des entretiens ont été résumées et rapportées directement. L'échelle de Likert a été divisée en trois catégories : adéquat, inadéquat et non disponible, et dans les autres cas : tout à fait d'accord, indécis et pas d'accord. Les objectifs de l'étude étaient les suivants :

(i) Établir les services situationnels de DPE fournis aux enfants pour faciliter une transition en douceur du DPE à l'école primaire.

(ii) Examiner les effets des programmes de l'école primaire et de l'éducation et de la formation tout au long de la vie sur

la préparation des enfants au passage de l'éducation et de la formation tout au long de la vie à l'école primaire.

(iii) Examiner si les pratiques actuelles traitent de l'état de préparation des

enfants pour le passage de l'éducation et de la formation tout au long de la vie à l'école primaire.

(iv) Examiner les facteurs environnementaux externes qui influencent la transition en douceur de l'ECDE à l'école primaire.

La présentation et les analyses qui suivent ont été guidées par les objectifs de l'étude.

4.2 Informations générales sur tous les répondants

Les informations générales des répondants méritaient d'être établies car elles donnent à l'étude un aperçu des informations attendues.

4.2.1 Répondants

Les personnes interrogées dans le cadre de cette étude appartenaient à diverses catégories. Il s'agissait de directeurs d'école, d'enseignants du DPE, de responsables du DPE, d'enseignants du niveau 1 et de QASO de district. Ces personnes ont été considérées comme disposant d'informations pertinentes pour cette étude. Au total, 56 personnes ont participé à l'étude. Le tableau 4.1 résume le type de répondants impliqués. Les enseignants du DPE représentaient 47% des répondants, les directeurs d'école 23%, les enseignants de base 23%, les formateurs du DICECE 5% et le QASO du district 2%.

4.2.2 Type d'école
Le tableau 4.1 résume le type d'écoles étudiées : privées et publiques. Dans cette étude, les écoles publiques représentaient 84,6% des écoles, tandis que les écoles privées représentaient 15,4%. Cela montre que la majorité des écoles sont publiques, tandis que quelques-unes sont privées.

4.2.3 Sexe des répondants
Il a été constaté qu'un certain nombre d'interventions contribuaient à améliorer la rétention et l'assiduité. Pour les filles, la présence d'enseignantes est utile, surtout si ces enseignantes appartiennent également à des groupes sous-représentés (Mingat & Jaramillo, 2003).Les résultats concernant le sexe des personnes interrogées sont présentés dans le tableau 4.1 Les enseignantes des centres de DPE et des écoles primaires représentaient 63,6%, tandis que leurs homologues masculins représentaient 36,4%, ce qui indique que les enseignantes étaient majoritaires. La disparité entre les sexes était donc évidente.

4.2.4 Âge des répondants
Les personnes interrogées étaient d'âges différents, comme le montre le tableau 4.1. La plupart d'entre elles (41,8 %) avaient entre 31 et 35 ans, les plus de 35 ans représentaient 32,7 %, les 26-30 ans 14,5 % et les 21-25 ans (10,9 %) le groupe d'âge le moins nombreux.

4.2.5 Qualification professionnelle de tous les répondants
Des recherches menées en Inde et au Brésil ont montré que le niveau d'éducation des enseignants est un indicateur significatif des résultats de leurs élèves, même dans les premières années d'études (Rangachar & Varghese, 1993). Compte tenu de l'éducation minimale de nombreux enseignants des premières années dans les pays à faibles revenus, une bonne formation complémentaire et un bon développement professionnel sont essentiels et peuvent s'avérer extrêmement efficaces. Cependant, la formation reflète trop souvent les mêmes pratiques apprises par cœur dans la salle de classe, avec peu d'efforts pour assurer la compréhension ou fournir une expérience pratique (Tolhurst, 2007). La plupart des enseignants (50,9 %) étaient titulaires d'un certificat, les titulaires d'un diplôme représentaient 38,2 %, tandis que les enseignants titulaires d'une licence représentaient 9,1 % et les 1,8 % restants étaient titulaires d'un master.

4.2.6 Expérience d'enseignement de tous les répondants
Les enseignants expérimentés semblent mieux apprendre les nouvelles méthodes lorsqu'elles sont clairement structurées, soutenues et accompagnées par la communauté (Li, 2004).L'expérience de l'enseignement a varié de manière significative au cours de l'étude, comme le résume le tableau 4.6. La majorité des personnes interrogées (65,5 %) avaient plus de 10 ans d'expérience dans l'enseignement, tandis que les enseignants ayant entre 1 et 5 ans d'expérience représentaient 16,4 %, ceux ayant entre 5 et 9 ans d'expérience étaient 12,7 % et les moins nombreux avaient moins d'un an d'expérience (5,5 %).

Tableau 4.1 Informations générales sur toutes les personnes interrogées

Responsabilité		
Catégories	Fréquence	Pourcentage (%)
Chefs d'établissement	13	23
Enseignants du DPE	26	47
Formateurs en DPE	3	5
Enseignants de première année	13	23
QASO du district	1	2
Total	56	100.0

Type d'école		
Catégorie	Fréquence	Pourcentage (%)
Public	11	84.6
Privé	2	15.4
Total	13	100.0

Le sexe		
Catégorie	Fréquence	Pourcentage (%)
Homme	20	36.4
Femme	36	63.6
Total	56	100.0

L'âge		
Catégorie	Fréquence	Pourcentage (%)
21-25 ans	6	10.9
26-30 ans	8	14.5
31-35 ans	23	41.8
> 35 ans	19	33.9
Total	56	100.0

Niveau d'éducation		
Catégorie	Fréquence	Pourcentage (%)
Certificat	29	51.7
Diplôme	21	38.2
Licence	5	9.1
Maîtres	1	1.8
Total	56	100.0

Expérience		
Catégorie	Fréquence	Pourcentage (%)
< 1 an	3	5.5
1-5 ans	9	16.4
5-9 ans	7	12.7
>10 ans	37	66.1
Total	56	100.0

4.3 Services situationnels

Les services situationnels sont tous les avantages, y compris l'assainissement, l'eau propre, la santé, le suivi de la croissance, la nutrition et l'éducation, fournis dans les centres d'éducation et de formation de la petite enfance pour faciliter la transition en douceur du développement de la petite enfance à l'école primaire. De nombreuses données provenant de pays à revenu élevé sur les environnements scolaires mettent en évidence des relations aussi étroites que l'effet du bruit sur la compréhension de la lecture (Clark, Martin, van Kempen & Alfred, 2006). Des facteurs tels que la ventilation, la lumière, la chaleur, les niveaux de bruit et le confort dans les salles de classe auront un effet sur la capacité des enfants à être attentifs où qu'ils soient (Ahmed, 2004).

Cette étude a cherché à déterminer les services situationnels fournis dans les écoles et destinés à faciliter la transition entre le développement de la petite enfance et l'école primaire. Les résultats de l'étude sont présentés dans le tableau 4.2. Quatre-vingt-cinq virgule quatre pour cent (85,4%) des personnes interrogées ont estimé que l'assainissement dans les centres de DPE était adéquat, 12,7% qu'il était inadéquat et 1,8% qu'il n'existait pas. Soixante-dix-neuf pour cent des personnes interrogées ont estimé que la fourniture d'eau propre dans les centres de DPE était adéquate, 32,4% ont indiqué qu'elle était inadéquate et 3,6% ont déclaré que le service n'existait pas. Vingt-neuf virgule un pour cent (29,1%) des personnes interrogées ont jugé adéquate la fourniture de services de santé dans les centres de DPE, 47,3% ont jugé le service inadéquat et 23,6% ont déclaré qu'il n'était pas fourni. Vingt-sept virgule trois pour cent (27,3%) des personnes interrogées ont estimé que le service de suivi de la croissance dans les centres de DPE était adéquat, 41,8% qu'il était inadéquat et 30,9% ont déclaré que le suivi n'existait pas du tout. Trente-deux virgule sept pour cent (32,7%) des personnes interrogées ont estimé que le service de nutrition dans les centres de DPE était adéquat, 34,5% qu'il était inadéquat et 32,7% qu'il n'existait pas. Quatre-vingt-dix-neuf pour cent des personnes interrogées ont estimé que l'éducation dispensée dans les centres de DPE était adéquate, tandis que 9,1% l'ont jugée insuffisante.

D'après ces résultats, l'éducation (ressources d'enseignement/d'apprentissage), les services d'assainissement et d'eau potable sont adéquats. C'est ce que montrent respectivement 90,9 %, 85,4 % et 70,9 % des personnes interrogées qui ont indiqué que ces services étaient adéquats. Plus de 66% des personnes interrogées ont indiqué que les services de santé, de suivi de la croissance et de nutrition étaient inadéquats. Les centres de développement de la petite enfance et les écoles primaires se sont efforcés de fournir des ressources d'enseignement et d'apprentissage, de bonnes conditions sanitaires et des eaux propres. Cependant, ils devraient assurer des services adéquats de suivi de la croissance et de nutrition dans leurs écoles.

Tableau 4.2 Services situationnels dans le DPE

Services situationnels	Adéquat		Insuffisant		Pas de service	
	Fréq.	%	Fréquence.	%	Freq	%
Assainissement (moyens et méthodes d'élimination des déchets, drainage adéquat)	47	85.4	7	12.7	1	1.8
Eau propre	39	70.9	14	25.4	2	3.6
Santé (installations médicales pour les premiers soins)	16	29.1	26	47.3	13	23.6
Suivi de la croissance	15	27.3	23	44.8	17	30.9
Nutrition (fourniture d'un régime alimentaire équilibré)	18	32.7	19	34.5	18	32.7
Éducation (ressources d'enseignement/apprentissage)	50	90.9	5	9.1	0	0

L'environnement physique a des effets mesurables sur le développement cognitif, social et émotionnel, à la fois par ses effets directs sur des facteurs tels que l'attention, le comportement, la stimulation, l'exploration et le confort, et indirectement par ses effets sur les interactions sociales (Evans, 2006). L'adéquation du matériel de jeu extérieur et intérieur a été évaluée différemment par les répondants, comme le résume le tableau 4.3. Les ballons sont jugés adéquats à 79,2 %, inadéquats à 7,7 % et inexistants à 23,1 %. Les balançoires ont été jugées adéquates dans 23,1% des cas et insuffisantes dans 23,1% des cas.

76,9 % ne sont pas disponibles dans les écoles. Le matériel de jeu pour les toboggans n'était pas disponible dans toutes les écoles. La disponibilité des terrains de jeu était adéquate à 100 %. Le matériel de jeu en pneus était adéquat à 65,1%, inadéquat à 7,7% et indisponible à 30,8%. On en déduit que les toboggans n'étaient pas disponibles dans toutes les écoles ; la communauté devrait être encouragée à fournir des toboggans, des pneus, des balançoires et des balances, car ils sont très importants dans les écoles de DPE pour le développement holistique de l'enfant.

L'utilisation de sacs à fèves était jugée adéquate à 76,9 %, tandis que 23,1 % des écoles n'en fournissaient pas. L'utilisation de poupées a été jugée adéquate à 38,5 % et non disponible à 61,5 %. L'utilisation de jouets a été jugée adéquate à 38,5 %, inadéquate à 7,7 % et indisponible à 53,8 %. La disponibilité de l'eau de jeu et de la pâte à modeler était évaluée à 61,6 % comme adéquate, 7,7 % comme insuffisante et 30,8 % comme indisponible. La disponibilité des blocs de jeu était de 69,2 % adéquate, 7,7 % insuffisante et 23,1 % indisponible. Cette constatation indique que la plupart des écoles disposaient d'un matériel modéré comprenant des sacs de haricots, des poupées, des jouets, de l'eau, de la pâte à modeler et des blocs qui devraient être fournis de manière adéquate par la communauté. Par exemple, la disponibilité de l'eau dans la classe est importante pour que l'enfant comprenne ce qu'est la flottaison, la dissolution, l'absorption, que certaines choses changent de couleur dans l'eau, qu'elles descendent, qu'elles contiennent des particules, qu'elles n'ont pas de forme et, enfin, qu'elles peuvent être mesurées.

Tableau 4.3 Matériels de jeu d'intérieur et d'extérieur dans le secteur du développement du jeune enfant

Matériel de jeu	Adéquat Fréquence	Adéquat Pourcentage	Insuffisant Fréq.	Insuffisant Pourcentage	Pas de service Fréq.	Pas de service Pourcentage
Balles	9	69.2	1	7.7	3	23.1
Balances et équilibres	3	23.1	0	0	10	76.9
Diapositives	0	0	0	0	13	100
Terrain de jeu	13	100	0	0	0	0
Pneus	8	61.5	1	7.7	4	30.8
Sacs à fèves	10	76.9	0	0	3	23.1
Poupées	5	38.5	0	0	8	61.5
Jouets	5	38.8	1	7.7	7	53.8
Jouer avec l'eau	8	61.6	1	7.7	4	30.8
Pâte d'argile	8	61.6	1	7.7	4	30.8
Blocs	9	79.2	1	7.7	3	23.1

Un domaine qui a fait l'objet d'une attention considérable est le rôle que joue un assainissement adéquat pour attirer et retenir les filles. Au Bangladesh, la mise à disposition de toilettes séparées pour les filles était également un facteur prédictif significatif de meilleurs résultats aux tests (Ahmed, 2004).

Le chercheur a observé les services situationnels dans les écoles de l'échantillon. Les services d'assainissement ont été jugés adéquats au cours de l'étude. Ils différaient d'une école à l'autre, comme le résume le tableau 4.4.

montre l'adéquation des toilettes dans les écoles de l'échantillon. Les écoles où les garçons et les filles partagent les mêmes toilettes que dans les écoles primaires et qui disposent de 1 et 2 toilettes représentent 46,2% chacune. Le plus petit nombre d'écoles (7,7 %) disposait de 3 à 4 toilettes. En comparant la population des élèves et le nombre de toilettes disponibles, on peut en déduire qu'elles sont inadéquates. Les écoles devraient veiller à ce qu'il y ait suffisamment de toilettes dans les écoles pour désengorger les écoles et promouvoir l'assainissement.

Tableau 4.4 Adéquation des toilettes dans les écoles maternelles et primaires

Nombre de toilettes	Toilettes pour garçons			Toilettes pour filles		
	Fréquence	%	Nombre de garçons par école	Fréquence	%	Nombre de filles par école
1-2 toilettes	6	46.2	35	6	46.2	35
3-4 toilettes	1	7.7	40	1	7.7	30
4-5*	6	46.2	420	6	46.2	470
Total	13	100.0		13	100.0	

*-utilisé par l'ensemble de l'école (350 garçons)

D'autres auteurs ont également souligné l'impact de la conception des écoles sur les interactions sociales (Moore, Gary & Jeffrey, 1993). Les systèmes de drainage des écoles de DPE ont varié au cours de l'étude, comme le résume le tableau 4.5. La majorité des écoles (69,2%) n'avaient pas de système de drainage, tandis que seulement 30,8% en avaient un. Les écoles disposaient de tranchées (38,5 %), de terrains surélevés (38,5 %) et de décharges (38,5 %). Cette constatation indique que la majorité des écoles de l'échantillon avaient un mauvais système de drainage, des décharges, des terrains surélevés et des tranchées.

Tableau 4.5 Système de drainage

Drainage	Disponible		Non disponible	
	Fréquence	Pourcentage %	Fréquence	Pourcentage %
Tranchées	5	38.5	8	61.5
Gorgées d'eau	2	15.4	11	84.6
Terrain surélevé	5	38.5	8	61.5
Assainissement	3	23.1	10	76.9
Décharge	5	38.5	8	61.5
Pas de drainage	9	69.2	4	30.8

Les principales sources d'eau sont résumées dans le tableau 4.6. La principale source d'eau était l'eau du robinet (61,5%), l'eau de forage et l'eau de rivière représentaient 23,1% chacune, l'eau de pluie et l'eau de la maison étant la source la moins disponible (15,4%). Cela indique que la plupart des écoles disposent d'eau propre, mais qu'elle n'est pas utilisée correctement en raison de l'insuffisance des réservoirs pour le lavage des mains. Les écoles ne devraient pas dépendre uniquement de l'eau du robinet. Elles devraient fournir des sources alternatives car l'eau, c'est la vie.

Tableau 4.6 Sources d'eau

Source	Disponible Fréquency	Pourcentage %	Non disponible Fréquency	Pourcentage %
Le fleuve	3	23.1	10	76.9
Robinet	8	61.5	5	38.5
Trou de forage	3	23.1	10	76.9
Pluie	2	15.4	11	84.6
Depuis le domicile	2	15.4	11	84.6

Les formes de dossiers disponibles dans la plupart des écoles variaient considérablement, comme le montre le tableau 4.7. Dans la plupart des écoles, les dossiers médicaux étaient disponibles à 84,6 %, les dossiers de poids à 7,1 % et les dossiers du NACECE à 92,3 %. Les registres étaient disponibles à 100% dans toutes les écoles étudiées. Cette constatation indique que la plupart des dossiers sont conservés par les écoles pour permettre aux parents et aux enseignants de surveiller l'état de santé des élèves. Les écoles devraient s'assurer qu'il existe d'autres dossiers de sauvegarde afin d'améliorer la récupération des informations en cas de perte.

Tableau 4.7 Registres tenus

Enregistrer	Disponible Fréquency	Pourcentage %	Non disponible Fréquency	Pourcentage %
Dossiers de santé	11	84.6	2	15.4
Enregistrements de poids	1	7.7	12	92.3
NACECE	12	92.3	1	7.7
Registre	13	100.0	0	0

Les services de cuisine dans les écoles de DPE étaient résumés dans le tableau 4.8. Les services de cuisine étaient disponibles à 53,8 % dans les écoles de DPE. Les services de cuisine étaient disponibles à 53,8 % dans les écoles de DPE, les ustensiles et les combustibles à 46,2 %. Les données indiquent que les denrées alimentaires étaient disponibles à hauteur de 38,5%. D'après les résultats, le programme d'alimentation est inadéquat dans la plupart des écoles de DPE et devrait être encouragé pour attirer et soutenir les enfants dans les zones arides et semi-arides, en particulier dans les zones les plus basses du district comme Rimoi, afin de faciliter le développement holistique.

Tableau 4.8 Services de cuisine dans les écoles ECDE

Services dans le cadre de l'ECDE l'école	Disponible Fréquence y	Pourcentage (%)	Non disponible Fréquence y	Pourcentage (%)
Cuisine	7	53.8	6	46.2
Ustensiles	6	46.2	7	53.8
Combustibles	6	46.2	7	53.8
Produits alimentaires	5	38.5	8	61.5
Pas de services	7	53.8	6	46.2

4.3.1 Défis rencontrés par les enseignants de DPE dans la prestation de services

Fuller et ses collègues soulignent l'effet indirect que peut avoir la qualité des équipements scolaires - par exemple, en encourageant les parents à envoyer leurs enfants à l'école et à les y maintenir, et en attirant des enseignants de meilleure qualité (Fuller et al, 1999). Les personnes interrogées ont été invitées à donner leur avis sur les difficultés rencontrées par les enseignants de DPE dans la fourniture des services évoqués ci-dessus.

Les réponses sont résumées dans le tableau 4.9. La faiblesse des salaires versés aux enseignants a été identifiée par 43,6% des répondants comme un défi, l'absence de matériel d'enseignement et d'apprentissage (82,2%), le faible taux de scolarisation (32,7%), le manque d'installations physiques et de jeux (34,5%), le manque de coopération des parties prenantes (43.6%), le faible paiement des frais par les parents (36,4%), le manque de moyens financiers (72,7%), la nutrition (52,7%), le mauvais environnement d'apprentissage (36,4%), la pauvreté qui entraîne l'absentéisme (41,8%), l'ignorance (40%), le manque de motivation (58,2%), le rationnement de l'eau (30,9%) et le mauvais état des infrastructures (38,2%). Dans la plupart des écoles, le matériel d'enseignement et d'apprentissage n'est pas disponible. L'indisponibilité et le manque de moyens financiers dans les centres de DPE affectent l'enseignant et l'apprenant. Ces autres domaines découlent d'un manque de financement qui affecte également l'apprentissage.

Tableau 4.9 Défis rencontrés par les enseignants de DPE dans la prestation de services de DPE
Services

Défis rencontrés par les enseignants du DPE	Fréquence	Pourcentage (%)
Faible rémunération des enseignants	24	43.6
Indisponibilité de matériel d'enseignement et d'apprentissage	45	82.0
Faible nombre d'étudiants (faible taux d'inscription)	18	32.7
Manque d'installations sportives et physiques	19	34.5
Faible coopération des parties prenantes	24	43.6
Sauter les étapes de l'ECDE	20	36.4
Manque de moyens financiers	40	72.7
Nutrition (fourniture d'un régime alimentaire adéquat et équilibré)	29	52.7
Environnement d'apprentissage médiocre	20	36.4
La pauvreté qui conduit à l'absentéisme	23	41.8
L'ignorance	22	40.0
Manque de motivation	32	58.2
Rationnement de l'eau	17	30.9
La médiocrité des infrastructures entrave l'enseignement	21	38.2
	55	100

La réponse du QASO de la division concorde avec les résultats du tableau 4.9 sur les difficultés rencontrées par les enseignants de DPE dans la prestation de services dans les centres de DPE. Elle a expliqué que l'inscription tardive des enfants dans les centres de développement de la petite enfance constituait un problème, car certains apprenants étaient trop âgés et n'avaient pas leur place dans les classes de développement de la petite enfance. Elle a également indiqué que la pauvreté endémique au sein de la communauté entraînait une faible fréquentation des cours, ce qui fait que les enfants n'acquièrent pas les concepts enseignés dans le cadre du programme ECDE.

4.3.2 Suggestions sur le type de préparations à effectuer

Les personnes interrogées ont été invitées à donner leur avis sur les préparations que les écoles primaires devraient effectuer sur les services situationnels. Le tableau 4.10 résume ces préparatifs : Des liens appropriés sont incorporés pour assurer une transition en douceur (81,8%), les activités d'apprentissage doivent être liées (49,1%), l'utilisation de compétences de communication et d'aides visuelles à l'apprentissage (50,9%), une interaction adéquate entre le DPE et le primaire (80%), les personnes interrogées créent un environnement d'apprentissage convivial dans les écoles (47.Le pourcentage le plus élevé de personnes interrogées a indiqué que les enseignants devraient encourager une interaction adéquate entre le développement du jeune enfant et le primaire (80%) et encourager le programme d'alimentation scolaire pour permettre la durabilité du développement du jeune enfant (81,8%). Si les écoles peuvent mettre en œuvre ces suggestions, elles pourront résoudre leurs problèmes.

Tableau 4.10 Préparations à effectuer par l'enseignant de niveau 1

Préparation	Fréquence	Pourcentage (%)
Un lien adéquat est incorporé pour assurer une transition en douceur	45	81.8
Les activités d'apprentissage doivent être liées	27	49.1
Utilisation de techniques de communication et d'aides visuelles à l'apprentissage	28	50.9
Interaction adéquate entre le développement de la petite enfance et l'école primaire	44	80.0
Les répondants créent un environnement d'apprentissage convivial	26	47.3
Classe bien équipée en matériel d'enseignement et d'apprentissage	33	60.0
Programme d'alimentation scolaire	45	81.8
	N=55	100

4.4 Effet du programme d'études sur la préparation des enfants

Les enfants sont souvent confrontés à des différences marquées dans les programmes scolaires lorsqu'ils entrent à l'école primaire. Alors que les programmes de la petite enfance tendent à être organisés par domaines d'apprentissage (cognitif, physique, social, etc.), les écoles primaires se concentrent souvent sur des matières (par exemple la lecture, les mathématiques, les sciences). Shaeffer (2006) résume ainsi le défi : Pour faciliter la transition, faut-il formaliser l'informel ... ou déformaliser ce qui est habituellement considéré comme formel ? Malheureusement, la première solution semble être la tendance. Certains pays ont tenté d'assurer une plus grande cohérence des programmes en élaborant un programme intégré pour l'enseignement préprimaire et primaire, organisé autour des cycles de développement de l'enfant. Cette approche est adoptée dans le cadre du projet Pre-Primary to Primary Transitions en Jamaïque et du projet Transition from Nursery School to Primary School en Guyane (UNESCO, 2006).

Le deuxième objectif de cette étude était d'établir l'effet du programme scolaire sur la préparation des enfants à la transition entre le DPE et l'école primaire. Les résultats sont résumés dans le tableau 4.11. La majorité des personnes interrogées (76,4%) ont déclaré que le contenu des programmes de DPE était plus restreint et adapté à la croissance mentale de l'enfant pour faciliter la préparation à la transition, 21,8% étaient d'un avis contraire et 1,8% étaient indécis. Quatre-vingt-un neuf pour cent (81,9%) des répondants ont indiqué que le contenu primaire était surchargé et ne permettait pas d'exercer suffisamment la coordination œil-main, ce qui ralentissait le processus de préparation, 14,5% n'étaient pas d'accord, tandis que le reste (3,6%) était indécis. Soixante-seize virgule trois pour cent des personnes interrogées sont d'accord pour dire que les approches pédagogiques dans le primaire sont centrées sur l'enseignant, ce qui éloigne l'enfant de l'apprentissage et entrave donc la préparation à la transition, tandis que 20 % sont d'un avis contraire et 3,6 % sont indécis. Soixante pour cent des personnes interrogées sont d'accord pour dire que le temps alloué au primaire pour couvrir le contenu n'est pas suffisant pour permettre aux enfants de couvrir les sujets prévus pour la classe donnée, tandis que 14,5 % ne sont pas d'accord et 25,5 % sont indécis. Soixante-sept virgule trois pour cent des personnes interrogées ont déclaré que l'entretien académique est effectué pour déterminer les connaissances préalables de l'enfant, 25,4% n'étaient pas d'accord avec cette affirmation, tandis que 7,3% étaient indécis.

Cela indique que beaucoup de temps a été consacré à la préparation des élèves à l'entretien plutôt qu'à la transition. Quatre-vingt-neuf virgule un pour cent des personnes interrogées sont d'accord pour dire que les approches pédagogiques du développement du jeune enfant sont relativement centrées sur l'enfant, 9,1% ne sont pas d'accord et 1,8% sont indécis. Ces approches encouragent les compétences comportementales et psychomotrices. Quatre-vingt-onze pour cent des personnes interrogées ont indiqué que l'éducation physique en première année n'était pas une matière d'examen, 5,4 % n'étaient pas d'accord et 3,6 % étaient indécis. L'étude permet de conclure que le programme scolaire a un effet sur la préparation des enfants à la transition entre le développement de la petite enfance et l'école primaire. La majorité des personnes interrogées ont indiqué que l'éducation physique n'était pas une matière d'examen, ce qui explique le manque de sérieux de cette matière, qui entraîne un développement insuffisant des compétences psychomotrices.

Tableau 4.11 Effet du programme scolaire sur la préparation des enfants

Réponse	Accorder Fréq.	%	Indécis Fréquence	%	Pas d'accord Fréquence	%
Le contenu du DPE est plus restreint	42	76.4	1	1.8	12	21.8
Contenu primaire surchargé	45	81.9	2	3.6	8	14.5
Enseignement approache teacher centré sur le premier cycle de l'enseignement primaire	42	76.3	2	3.6	11	20.0
Le temps consacré au contenu n'est pas suffisant pour le développement du jeune enfant	33	60.0	14	25.5	8	14.5
Entretien académique	37	67.3	4	7.3	14	15.4
Approche pédagogique du DPE centrée sur l'enfant	49	89.1	1	1.8	5	9.1
Le PE n'est pas examinable dans la norme 1	50	90.0	2	3.6	2	5.4

4.4.1 Harmonisation des lignes directrices sur le développement de la petite enfance et du programme d'études primaires

Bredekamp et Copple (1997) affirment que la transition vers l'école est l'un des principaux défis auxquels les enfants sont confrontés. Ils citent le manque de continuité dans les pratiques d'enseignement et l'absence d'un système facilitant la transition comme contribuant aux difficultés rencontrées. Brostrom (2000) affirme que le développement de la petite enfance et les examens primaires devraient être harmonisés en utilisant le même programme.

Les personnes interrogées ont été invitées à donner leur avis sur la manière d'harmoniser les lignes directrices relatives au développement du jeune enfant et le programme de l'école primaire afin d'assurer une transition en douceur. La synthèse des résultats est présentée dans le tableau 4.12. Les personnes interrogées ont répondu à 72,7% que les méthodes d'enseignement devaient être davantage centrées sur l'enfant et que les examens devaient être harmonisés. Les personnes interrogées ont répondu à 70,9% pour l'offre de cours de formation continue. Cinquante-six-quatre pour cent des personnes interrogées ont déclaré que le développement de la petite enfance et le programme de l'école primaire devraient être harmonisés pour faciliter la transition. Cela signifie que pour assurer une transition sans heurts entre le développement du jeune enfant et l'école primaire, il faut disposer d'un programme, d'un calendrier et d'examens communs et que l'enseignement doit être centré sur l'enfant.

Tableau 4.12 Harmonisation des programmes de DPE et de l'enseignement primaire

Harmonisation des programmes de développement de la petite enfance et de l'enseignement primaire	Fréquence	Pourcentage (%)
Harmonisation des programmes de développement de la petite enfance et de l'enseignement primaire	31	56.4
Approches pédagogiques centrées sur l'enfant	40	72.7
Harmonisation des examens	40	72.7
Fourniture de cours de formation continue aux personnes interrogées	39	70.9
	N=55	100

La QASO du district a été interrogée sur la manière dont les directives relatives au développement du jeune enfant et les programmes de l'école primaire devraient être harmonisés pour faciliter la transition. Elle a expliqué que le développement du jeune enfant et le programme de l'école primaire devaient être harmonisés pour faciliter la transition, et que les approches pédagogiques utilisées devaient être centrées sur l'enfant. Ces conclusions sont en accord avec l'UNESCO (2006) qui a constaté que certains pays ont essayé d'assurer une plus grande cohérence des programmes en développant un programme intégré pour l'école pré-primaire et primaire, organisé autour des cycles de développement de l'enfant. Cette approche est adoptée dans les transitions entre le préprimaire et le primaire.

4.5 Adéquation des pratiques actuelles en matière de préparation à la transition

On ne saurait trop insister sur l'importance des pratiques appropriées pour améliorer la transition. Myers, (1997) ; Margetts, (2000), Dunlop et Fabian, (2003) suggèrent que les transitions devraient impliquer des pratiques appropriées qui garantissent un transfert en douceur de l'enfant d'un environnement à l'autre.

Pour répondre au deuxième objectif de l'étude concernant l'adéquation des pratiques actuelles en matière de préparation à la transition, les personnes interrogées ont été invitées à évaluer les pratiques actuelles qui affectent directement ou indirectement l'apprentissage et la transition des enfants du développement de la petite enfance au niveau 1.

Les résultats concernant ces pratiques sont présentés dans le tableau 4.13. Quatre-vingt-sept virgule trois pour cent (87,3 %) des personnes interrogées ont déclaré que les activités périscolaires étaient adéquates. Quatre-vingt-sept virgule trois pour cent des personnes interrogées ont déclaré que l'apprentissage assisté par ordinateur n'était pas proposé dans la plupart des écoles, 7,3 % l'ont jugé inadéquat et 5,5 % l'ont jugé adéquat. Quarante-cinq virgule cinq pour cent des personnes interrogées ont déclaré qu'il n'y avait pas de réservoirs pour le lavage des mains dans la plupart des écoles, 36,4 % ont déclaré qu'ils étaient inadéquats et les 18,2 % restants ont estimé qu'ils étaient adéquats. Quarante et un virgule quatre-vingts pour cent des personnes interrogées ont déclaré qu'il n'y avait pas de système de plantation d'arbres dans la plupart des écoles, 18,2 % ont jugé cette pratique inadéquate et 40 % l'ont jugée adéquate. Cinquante-deux virgule sept pour cent des personnes interrogées ont jugé la pratique des châtiments corporels inadéquate, 32,8% l'ont jugée adéquate et 14,5% des centres de DPE ont déclaré qu'elle n'était pas pratiquée. Soixante-neuf virgule un pour cent des personnes interrogées ont estimé que les pratiques d'orientation et de conseil étaient adéquates, 23.7 En outre, 7,3% des centres de DPE ont déclaré que les services d'orientation et de conseil n'étaient jamais proposés. Quarante-neuf virgule un pour cent des personnes interrogées ont jugé les pratiques des clubs de santé adéquates, 27,3 % les ont jugées inadéquates et 23,6 % des centres de DPE n'ont pas proposé ces pratiques. Sept virgule trois pour cent des personnes interrogées les ont jugées inadéquates et 5,5% des centres de DPE les ont jugées insuffisantes.

Ce résultat indique que sur les sept pratiques actuelles, les activités périscolaires et les pratiques d'orientation et de conseil sont celles qui sont considérées comme adéquates, avec respectivement 87,3 % et 69,1 % d'adéquation. Cela signifie que ces deux pratiques sont respectées dans la plupart des écoles. Toutefois, des pratiques telles que l'apprentissage assisté par ordinateur et la plantation d'arbres sont des ingrédients nécessaires à une préparation réussie de la transition. Les planificateurs et les agences gouvernementales devraient aider les écoles à accéder aux installations et pratiques essentielles.

Tableau 4.13 Adéquation des pratiques actuelles en matière de préparation à la transition

Pratiques	Adéquat Fréq.	%	Insuffisant Fréq.	%	Pas de service Fréquence	%
Apprentissage assisté par ordinateur	3	5.5	4	7.3	48	87.3
Plantation d'arbres	22	40.0	10	18.2	23	41.8
Orientation et conseil/	38	69.1	13	23.4	4	7.3
Club de santé	37	49.1	15	27.3	13	23.6
Châtiments corporels	8	14.5	29	52.7	18	33
Les activités périscolaires sont encouragé	48	87.3	4	7.3	3	5.5
Lavage à la main	10	18.2	20	36.4	25	45.5

Margetts (2000) suggère que les transitions devraient impliquer des pratiques appropriées qui garantissent un transfert en douceur de l'enfant d'un environnement à l'autre. Les personnes interrogées ont été invitées à donner leur avis sur d'autres pratiques actuelles dans le domaine de l'éducation et de la formation des adultes et dans le secteur primaire qui concernent la transition. Le tableau 4.14 résume ces pratiques en fonction des opinions exprimées. La fourniture d'uniformes identiques pour les enfants de l'EPE et du primaire a été citée par 65,5%, l'organisation d'activités périscolaires communes (58,2%), l'utilisation d'aides à l'enseignement et à l'apprentissage (43,6%), les programmes de soutien communautaire (40%), la formation et l'autonomisation des enseignants (52,7%), l'apprentissage de l'utilisation des toilettes (58,2%), l'orientation et le conseil (49,1%) et la sensibilisation au VIH et au sida (32,7%). La plupart de ces opinions sont directement liées à ce qui a été capturé dans cette étude.

Les résultats montrent que la majorité des personnes interrogées ont suggéré les mesures suivantes : fourniture d'uniformes communs pour les enfants de l'éducation et de la formation tout au long de la vie et les enfants du primaire, activités périscolaires communes, utilisation d'aides à l'enseignement et à l'apprentissage, programmes de soutien communautaire, formation et autonomisation des enseignants, formation à l'utilisation des toilettes, orientation et conseils. La plupart des écoles ont de très bonnes pratiques mais une sensibilisation limitée au VIH/SIDA. Les avis devraient être utilisés pour améliorer les pratiques actuelles dans les écoles.

Tableau 4.14 Pratiques actuelles en matière de transition dans l'éducation et la formation de base des adultes et dans l'enseignement primaire

Pratiques actuelles en matière d'éducation et de formation des adultes et norme 1	Fréquence	Pourcentage (%)
Fourniture d'uniformes communs pour les enfants de l'éducation et de la formation tout au long de la vie et les enfants du primaire	36	65.5
Avoir des activités périscolaires communes	32	58.2
Utilisation d'aides à l'enseignement et à l'apprentissage	24	43.6
Programmes de soutien communautaire	22	40.0
Formation et habilitation des enseignants	29	52.7
Apprentissage de l'utilisation des toilettes	32	58.2
Orientation et conseil	27	49.1
Sensibilisation au VIH et au sida	18	32.7
	N=55	100

4.6 Facteurs environnementaux externes influençant une transition en douceur du développement de la petite enfance à l'école primaire

Les facteurs environnementaux externes sont tous les facteurs provenant de l'extérieur des centres ECDE qui empêchent ou facilitent la transition en douceur des enfants de l'ECDE à l'école primaire. Il s'agit notamment du stress lié à l'environnement familial, de l'insuffisance de nourriture dans les foyers des apprenants et de la violence domestique, d'un bon environnement familial, d'une alimentation équilibrée dans les foyers des apprenants et d'autres facteurs.

L'UNESCO (2005) affirme qu'aux États-Unis et dans d'autres pays à revenu élevé, le milieu familial est un déterminant majeur de la réussite scolaire ; dans les pays à faible revenu, l'impact ne semble pas aussi fort, très probablement en raison de nombreux autres facteurs liés à l'école qui remettent également en cause les performances des enfants. Cela ne signifie pas que le lien n'existe pas - une étude brésilienne, par exemple, a mis en évidence des corrélations significatives entre divers facteurs familiaux et les résultats scolaires des enfants (Fuller et al, 1999).

La majorité des personnes interrogées (87,3%) sont tout à fait d'accord pour dire qu'il y a peu de liens et d'interactions entre les enseignants de DPE et les parents sur la préparation des enfants, tandis que 7,2% sont d'un avis contraire, c'est-à-dire qu'ils ne sont pas d'accord. Le reste (5,5%) était indécis.

Quatre-vingt-quatorze virgule cinq pour cent des personnes interrogées étaient tout à fait d'accord avec l'idée que les installations physiques à la maison étaient inadéquates et inappropriées pour faciliter la préparation des enfants, tandis que 3,6% n'étaient pas d'accord et que les 1,8% restants étaient indécis.

Quatre-vingt pour cent (80,0 %) des personnes interrogées étaient d'accord pour dire que les parents, les enseignants du DPE et les enseignants du primaire avaient des perceptions différentes de la préparation à l'école, tandis que 16,3 % n'étaient pas d'accord et que 3,6 % étaient indécis. Quatre-vingt-onze pour cent (91,0%) des personnes interrogées étaient tout à fait d'accord pour dire que le stress lié à l'environnement familial, qui se traduit par un absentéisme fréquent, dû à des maladies mineures et à la violence domestique, entrave la préparation, tandis que 5,5% n'étaient pas d'accord et que 3,6% étaient indécis.

Quatre-vingt-dix-sept virgule deux pour cent (97,2 %) des personnes interrogées sont tout à fait d'accord pour dire que le niveau d'éducation des parents influe sur les résultats et la préparation scolaires de l'apprenant, 5,5 % ne sont pas d'accord et les 1,8 % restants sont indécis. Quatre-vingt-neuf virgule un pour cent (89,1 %) des personnes interrogées sont tout à fait d'accord avec le fait que l'insuffisance de nourriture à la maison affecte les progrès scolaires de l'apprenant, 9,1 % ne sont pas d'accord et 1,8 % sont indécis.

Trente-huit virgule deux pour cent (38,2 %) des personnes interrogées sont tout à fait d'accord pour dire que l'environnement familial est propice au jeu et à l'étude pour faciliter la préparation, 49 % ne sont pas d'accord pour dire que l'environnement familial n'est pas propice au jeu et à l'étude pour faciliter la préparation et 10,9 % sont indécis. Soixante-cinq virgule cinq pour cent (65,5 %) des personnes interrogées sont tout à fait d'accord pour dire que les enfants sont en sécurité à la maison, tandis que 12,7 % sont d'un avis contraire (pas d'accord) et 21,8 % sont indécis.

Trente-quatre virgule cinq pour cent (34,5 %) des personnes interrogées sont tout à fait d'accord pour dire qu'une alimentation équilibrée est fournie pour permettre la croissance et le développement en vue de la préparation, tandis que 50,9 % ne sont pas d'accord pour dire qu'une alimentation équilibrée n'est pas fournie pour permettre la croissance et le développement en vue de la préparation, et 14,5 % sont indécis.

Ce résultat indique que la plupart des facteurs environnementaux externes influencent le passage en douceur du développement de la petite enfance à l'école primaire. Il s'agit notamment du niveau d'éducation des parents, du stress lié à l'environnement familial qui se traduit par un absentéisme fréquent, dû à des maladies mineures et à des violences domestiques qui entravent la préparation, d'une alimentation inadéquate à la maison, de perceptions différentes de la préparation à l'école par les parents, les enseignants du DPE et de l'école primaire, tous ces facteurs ayant une incidence sur les progrès scolaires de l'apprenant. Les écoles devraient veiller à ce que la sensibilisation soit renforcée par les dirigeants et les responsables de l'éducation.

Table 4.15   Facteurs environnementaux externes influençant Smooth Transition entre le développement de la petite enfance et l'école primaire

Facteurs environnementaux externes	Fortement Accorder		Indécis		Pas d'accord	
	Fréq.	%	Fréq.	%	Fréq.	%
Faible degré de lien et d'interaction	48	86.3	3	5.5	4	7.2
Installations physiques inadéquates	52	94.5	1	1.8	2	3.6
Perception de la préparation à l'école	44	80.0	2	3.6	9	16.3
Stress lié à l'environnement	50	91.0	2	3.6	3	5.5
Niveau d'éducation des parents	51	97.2	1	1.8	3	5.5
Fourniture inadéquate de nourriture	49	89.1	1	1.8	5	9.1
Un environnement propice	22	38.2	6	10.9	27	49.0
Sécurité des enfants	36	65.5	12	21.8	7	12.7
Fourniture d'un régime alimentaire équilibré	19	34.5	8	14.5	28	50.9

Les parents, même analphabètes, peuvent faire une différence significative dans les résultats scolaires des enfants, en particulier lorsque des mesures actives sont prises pour les impliquer. La pression exercée par les parents peut être très efficace pour garantir une attention plus proactive aux enfants dans les écoles (Save the Children, 2003). Les personnes interrogées ont été invitées à donner leur avis sur d'autres facteurs externes influençant le passage en douceur des enfants du développement de la petite enfance à l'école primaire.

D'après les diverses réponses données, résumées dans le tableau 4.16, soixante-douze virgule sept pour cent des personnes interrogées ont déclaré que le manque de modèles adéquats dans les écoles influençait la transition (72,7 %), le manque d'installations physiques adéquates (83,6 %), la pauvreté des habitants (65,5 %), les séparations et les conflits familiaux (23.6%), l'analphabétisme des parents et des tuteurs (61,8%), le contexte familial (47,3%), la pandémie de VIH et de sida (40%), le brassage illicite (29,1%), les abus sexuels sur les jeunes enfants (25,5%), la distance entre le domicile et l'école (34,5%), le manque de motivation des parents (50,9%), le travail des enfants tel que le baby-sitting et la garde des troupeaux (21,8%) et l'inscription tardive (45,5%).

Ce résultat indique que la majorité des personnes interrogées étaient d'avis que le manque d'installations physiques, l'inadéquation des modèles, la pauvreté des résidents et l'analphabétisme des parents et des tuteurs étaient d'autres facteurs externes majeurs influençant la transition en douceur des enfants du développement de la petite enfance vers l'école primaire. Les autorités concernées devraient fournir des installations matérielles et sensibiliser les parents à l'importance de l'éducation.

Table 4.16 Autres facteurs externes influençant le bon déroulement de la transition Nombre d'enfants passant du jardin d'enfants à l'école primaire

Facteurs externes	Fréquence	Pourcentage (%)
Manque de modèles à l'école	40	72.7
des installations physiques inadéquates	46	83.6
Pauvreté vécue	36	65.5
Séparation et conflits familiaux	13	23.6
L'analphabétisme des parents et gardiens	34	61.8
Antécédents familiaux (célibataire) parentalité)	26	47.3
VIH et pandémie de sida	22	40.0
Brassage illicite	16	29.1
Abus sexuels sur de jeunes enfants	14	25.5
Distance entre le domicile et l'école	19	34.5
Manque de motivation des parents	28	50.9
Travail des enfants (garde des enfants et des troupeaux)	12	21.8
Inscription tardive	25	45.5
	N=55	100

La pauvreté, une mauvaise alimentation et le manque de ressources et de stimulation dans les premières années ont été identifiés comme des facteurs clés, ce qui a conduit un groupe d'universitaires à estimer que plus de 200 millions d'enfants ne parviennent pas à réaliser leur potentiel de développement (Grantham-McGregor et al., 2007).

Le QASO du district a également été invité à donner son avis sur les facteurs externes qui influencent le passage en douceur des enfants du DPE à l'école primaire. La QASO a noté que la prévalence de la pauvreté dans la communauté entraînait une mauvaise préparation des enfants au passage du DPE au niveau primaire. Elle a également souligné que le manque de besoins de base dans la plupart des foyers, comme le logement, l'habillement et la nourriture, affectait le développement mental de l'enfant. Elle a indiqué que l'inscription tardive dans la plupart des écoles, en particulier après l'introduction de l'enseignement primaire gratuit, où la plupart des parents préfèrent que leurs enfants rejoignent le premier niveau sans passer par le développement du jeune enfant, a influé sur la transition. Elle a également mentionné que le travail des enfants est toujours dominant dans le district de Keiyo. Les enfants sont chargés de garder les enfants, de garder les troupeaux et d'effectuer d'autres tâches domestiques. Des mesures appropriées devraient être prises pour mettre fin au travail des enfants et mettre l'accent sur la scolarisation.

4.7 Résumé

Ce chapitre s'est concentré sur les informations générales de toutes les personnes interrogées, la présentation des données, l'analyse, l'interprétation et la discussion des services situationnels de DPE, du programme d'études, des pratiques actuelles et des facteurs environnementaux externes.

CHAPITRE CINQ
DISCUSSION, CONCLUSION ET RECOMMANDATIONS
5.1 Introduction
Ce chapitre contient un résumé des résultats, des conclusions et des recommandations pour la poursuite des recherches sur la base de l'analyse des données. L'objectif principal de cette étude était d'examiner la préparation des enfants à la transition entre le développement de la petite enfance et l'école primaire. Pour mener à bien cette étude, un plan d'enquête a été utilisé pour recueillir des données auprès des directeurs d'école, des enseignants, des formateurs en développement du jeune enfant et des responsables de l'OQAS. Ce chapitre est divisé en quatre sections. La première section présente un résumé des résultats de la recherche, la deuxième section présente la conclusion, la troisième section contient des recommandations et enfin des suggestions pour d'autres études.

5.2 Résumé des résultats
5.2.1 Informations générales sur les répondants
Les informations générales des répondants valaient la peine d'être établies, car elles ont donné à l'étude un aperçu des informations attendues, puisque les résultats sont intégrés dans leur contexte. Au total, 56 répondants ont participé à l'étude. Le QASO de la division a également été interrogé en tant qu'informateur clé et a donné son avis sur les aspects étudiés. Les répondants étudiés au cours de l'étude comprenaient différentes catégories d'enseignants de DPE, de directeurs d'écoles primaires, de formateurs en DPE et d'enseignants de la première année de l'enseignement primaire.

La disparité entre les sexes était évidente dans l'étude. Les enseignantes étaient majoritaires dans tous les centres de DPE et les écoles primaires. Les enseignants masculins devraient donc être encouragés à suivre des cours de développement du jeune enfant, car ils jouent également un rôle important dans la préparation à la transition des enfants. Les enseignants des centres de DPE et des écoles primaires étaient d'âges différents. La plupart des personnes interrogées avaient plus de 35 ans. Cela montre que la plupart des enseignants de DPE interrogés étaient suffisamment mûrs pour superviser la transition des enfants.

La qualification professionnelle des répondants était variée. La plupart des enseignants (50,9 %) étaient titulaires d'un certificat, les titulaires d'un diplôme représentaient 38,2 %, tandis que les enseignants titulaires d'une licence représentaient 9,1 % et les 1,8 % restants étaient titulaires d'une maîtrise. La plupart des enseignants du premier cycle du primaire et des directeurs d'école étaient titulaires d'un certificat PTE, mais quelques-uns étaient titulaires d'un diplôme ou d'une licence, tandis que la majorité des enseignants du développement du jeune enfant étaient titulaires d'un certificat de développement du jeune enfant, quelques-uns étaient titulaires d'un diplôme, mais aucun n'était titulaire d'une licence. L'étude a également recueilli des informations sur l'expérience des participants en matière d'enseignement. La majorité des répondants (65,5%) avaient plus de 10 ans d'expérience dans l'enseignement, tandis que ceux qui avaient entre 1 et 5 ans d'expérience représentaient 16,4%, tandis que les enseignants ayant 59 ans d'expérience représentaient 12,7% et les moins nombreux avaient moins d'un an d'expérience (5,5%).

5.2.2 Services situationnels

Cette étude a révélé qu'il existait plusieurs services situationnels fournis dans les écoles et destinés à faciliter la transition entre le développement de la petite enfance et l'école primaire. Cependant, on s'est rendu compte que même si ces services étaient essentiels, certains étaient encore inadéquats. L'adéquation des services a été évaluée comme suit : Les personnes interrogées ont indiqué que l'assainissement dans les centres de DPE (85,5%) était adéquat, l'approvisionnement en eau propre 79,9 % est adéquat, les services de santé 70,9 % sont inadéquats, les services de suivi de la croissance 41,8 % sont inadéquats, les services de nutrition 34,5 % sont adéquats et l'éducation 90,9 % est adéquate,

5.2.2.1 Autres services situationnels de DPE fournis aux enfants pour faciliter une transition en douceur

Toilettes - Les toilettes des garçons et des filles étaient importantes pendant l'étude. Les garçons et les filles partageaient les mêmes toilettes que les écoles primaires. Celles qui avaient entre une et deux toilettes représentaient 46,2%, et celles qui avaient entre trois et quatre toilettes représentaient 7,7%.

Adéquation du matériel de jeu - L'adéquation du matériel de jeu extérieur a été évaluée différemment comme suit : ballon 79,2% adéquat, balançoires 21,1% adéquates, 76,9% indisponibles dans la plupart des écoles, terrain de jeu disponible à 100% et matériel de jeu en pneus 65,1% adéquat. L'adéquation du matériel de jeu intérieur a également été évaluée différemment comme suit : utilisation de poufs 76,9% adéquate, utilisation de poupées 61,5% indisponible, utilisation de jouets 53,8% indisponible, eau et pâte à modeler 61,6% adéquate et blocs de jeu 69,2% adéquate.

Sources d'eau dans les écoles - L'adéquation de l'eau dans les écoles était importante dans cette étude. Les résultats ont montré que la principale source d'eau était l'eau du robinet (61,5 %), l'eau de forage et l'eau de rivière représentant chacune 23,1 %, l'eau de pluie et l'eau de la maison étant la source la moins disponible (15,4 %). Les sources d'eau non disponibles dans la plupart des écoles sont la pluie et l'eau de la maison (84,6 %), le forage et la rivière (76,9 % chacun). Cependant, la source la moins indisponible était l'eau du robinet (42,9%).

Disponibilité des dossiers - Les formes de dossiers disponibles dans la plupart des écoles varient considérablement comme suit : Dans la plupart des écoles, les dossiers médicaux étaient disponibles à 84,6% et indisponibles à 15,4%, les dossiers de poids à 7,1% et indisponibles à 92,3%, les dossiers NACECE à 92,3% ct indisponibles à 7,7%. Les dossiers NACECE étaient disponibles à 92,3% et indisponibles à 7,7%. Le registre le plus disponible était le registre de présence qui était disponible à 100%.

Services dans les écoles ECDE - Les services dans les écoles ECDE variaient comme suit : Les services de cuisine 53,8% disponibles et 46,2% non disponibles, les services d'ustensiles et de combustibles 46,2% disponibles et 53,8% non disponibles, les denrées alimentaires 38,5% disponibles et 61,5% non disponibles.

Systèmes de drainage - Les systèmes de drainage dans les écoles de DPE variaient comme suit : La majorité des écoles (69,2%) n'avaient pas de systèmes de drainage, tandis que seulement 30,8% en avaient. Les écoles qui utilisent des tranchées, des terrains surélevés et des systèmes de drainage des décharges représentent 38,5 %, mais 61,5 % d'entre elles n'utilisent aucun de ces systèmes. Les systèmes de drainage non utilisés se composent à 84,6 % d'eau saturée et à 76,9 % d'égouts.

5.2.2.2 Défis rencontrés par les enseignants de DPE dans la fourniture de services de DPE
Services

Les personnes interrogées ont été invitées à donner leur avis sur les difficultés rencontrées par les enseignants de DPE dans la fourniture de services dans les centres de DPE. Leurs opinions varient comme suit : La faiblesse des salaires versés aux enseignants a été identifiée par 43,6%, l'indisponibilité du matériel d'enseignement et d'apprentissage par 40%, le faible nombre d'élèves (faible taux d'inscription) par 32,7%, le manque d'installations physiques et de jeux par 34,5%, le manque de coopération des parties prenantes par 43,6%, le manque de ressources adéquates par 36,4%, le manque de ressources adéquates par 41,8%, le paiement insuffisant des frais de scolarité par 36,4%, le manque de moyens financiers par 72,7%, la nutrition par 52,7%, un environnement d'apprentissage peu propice par 36,4%, la pauvreté par 41,8%, l'ignorance par 40%, le manque de motivation par 58,2%, le rationnement de l'eau par 30,9% et la faiblesse des infrastructures par 38,2%. Les résultats des entretiens ont fait état d'une inscription tardive des enfants au programme de développement de la petite enfance et d'une pauvreté endémique au sein de la communauté, ce qui a également entraîné une faible assiduité en classe, les enfants n'acquérant pas les concepts enseignés dans le cadre du programme de développement de la petite enfance.

5.2.2.3 Suggestions sur le type de préparation à effectuer
Par l'enseignant de Standard One.

Les personnes interrogées ont été invitées à donner leur avis sur le type de préparation que devraient effectuer les enseignants des services de développement de la petite enfance et les enseignants du primaire sur les services situationnels. Leurs opinions étaient les suivantes : l'établissement de liens appropriés pour assurer une transition en douceur 81,8%, les activités d'apprentissage devraient être liées 49,1%, l'utilisation de compétences de communication et d'aides visuelles à l'apprentissage 50,9%, une interaction adéquate entre le DPE et le primaire 80%, la création d'un environnement d'apprentissage convivial 47,3%, l'équipement des classes avec du matériel d'enseignement et d'apprentissage 60% et l'amélioration du programme d'alimentation scolaire dans le cadre du DPE

81,8%.

5.2.2.4 Préparation de l'enfant à l'adaptation aux changements de l'école primaire

Les opinions des personnes interrogées concernant la préparation des enfants à s'adapter aux changements de l'école primaire étaient les suivantes : introduction en douceur, liaison et fourniture adéquate d'équipements 65,5%, utilisation d'un langage simple pour l'expression 65,5%, implication des élèves dans des activités de groupe 65,5% et utilisation de matériel d'enseignement/apprentissage attrayant 56,4%. Les résultats de l'entretien ont montré qu'un programme d'alimentation était absolument nécessaire au niveau 1 pour améliorer la durabilité des enfants dans le cadre du développement de la petite enfance. La classe devrait également être équipée de matériel d'enseignement/apprentissage pour permettre un apprentissage holistique.

5.2.3 Effet du programme d'études sur la préparation des enfants

L'analyse de l'effet du programme scolaire sur la préparation des enfants à la transition entre le développement du jeune enfant et l'école primaire a révélé que la majorité des personnes interrogées ont déclaré que le contenu du développement du jeune enfant était plus restreint par rapport à la croissance mentale de l'enfant pour faciliter la préparation à la transition (76,4%), que le contenu du primaire était surchargé (81,9%), que les approches pédagogiques dans le primaire étaient centrées sur l'enseignant (76,3%). Le temps alloué au primaire pour couvrir le contenu n'est pas suffisant pour permettre aux enfants de couvrir les sujets prévus pour la classe donnée (60%) et des entretiens académiques ont été menés pour déterminer les connaissances préalables de l'enfant (67,3%). Quatre-vingt-onze pour cent des personnes interrogées ont indiqué que l'éducation physique en première année n'était pas une matière sanctionnée par un examen, ce qui explique peut-être le manque de sérieux de cette matière, qui entraîne un faible développement des compétences psychomotrices.

5.2.3.1 Harmonisation des programmes de développement de la petite enfance et des programmes de l'enseignement primaire.

Les opinions des personnes interrogées sur la manière d'harmoniser les directives relatives au développement du jeune enfant et les programmes de l'école primaire pour faciliter la transition ont varié comme suit : Cinquante-six virgule quatre personnes interrogées ont déclaré que le développement du jeune enfant et les programmes de l'école primaire devraient être harmonisés pour faciliter la transition, que les approches d'enseignement/apprentissage centrées sur l'enfant et les examens devraient être harmonisés (72,7%) et que des cours de formation continue devraient être dispensés aux enseignants (70,9%). Les résultats des entretiens indiquent également que les programmes de l'école primaire devraient être harmonisés pour faciliter la transition, que les approches pédagogiques utilisées devraient être centrées sur l'enfant et que les examens de l'école primaire devraient être harmonisés en utilisant le même programme d'études. L'offre de cours de formation continue aux enseignants devrait également être adoptée.

5.2.4 Adéquation des pratiques actuelles en matière de préparation à la transition

Les avis concernant l'adéquation des pratiques en matière de préparation à la transition étaient aussi variés que suit : l'apprentissage assisté par ordinateur n'est pas fourni dans la plupart des écoles (87,3 %), l'absence de réservoirs pour le lavage des mains dans la plupart des écoles (45,5 %), l'absence totale de système de plantation d'arbres dans les écoles (41,8 %), les pratiques d'orientation et de conseil 69,1 % adéquates, les pratiques des clubs de santé 49,1 % adéquates, les pratiques de co-curriculum 87,3 % adéquates. L'étude a également indiqué que les autres pratiques actuelles en matière de préparation à la transition étaient les suivantes : fourniture d'uniformes identiques pour les enfants des cycles primaire et secondaire (65,5 %), organisation d'activités périscolaires communes (58,2 %), utilisation d'aides à l'enseignement et à l'apprentissage (43,6 %), programmes de soutien communautaire (40 %), formation et autonomisation des enseignants (52,7 %), formation à l'utilisation des toilettes (58,2 %), orientation et conseil (49,1 %) et sensibilisation au VIH et au sida (32,7 %).

5.2.5 Facteurs environnementaux externes influençant une transition en douceur
du développement de la petite enfance à l'école primaire

Les personnes interrogées ont identifié divers facteurs environnementaux externes influençant le passage en douceur du développement de la petite enfance à l'école primaire. Il s'agit notamment du faible degré de lien et d'interaction entre les enseignants du DPE et les parents en ce qui concerne la préparation des enfants (87,3%), de l'insuffisance et de l'inadéquation des installations physiques à la maison (94.5 %), les perceptions différentes de la préparation à l'école par les parents, les enseignants du DPE et de l'école primaire (80 %), le stress lié à l'environnement familial entraînant un absentéisme fréquent (90 %), le niveau d'éducation des parents (92,7 %), l'insuffisance de la nourriture à la maison (89,1 %), un environnement familial propice au jeu et à l'étude pour faciliter la préparation (48,2 %), la sécurité à la maison (65,5 %) et le régime alimentaire (50,9 %).

5.2.5.1 Autres facteurs externes influençant le bon déroulement de la transition de l'UE vers l'UE
Enfants du DPE à l'école primaire

Les personnes interrogées ont été invitées à donner leur avis sur d'autres facteurs externes influençant le passage harmonieux des enfants du développement de la petite enfance à l'école primaire. Les résultats ont révélé l'existence de plusieurs autres facteurs. Il s'agit notamment du manque de modèles adéquats dans les écoles pour influencer la transition (72,7%), du manque de salaires adéquats pour les enseignants et d'installations matérielles (83,6%), de la pauvreté vécue par les résidents (65,5%), de la séparation et des conflits familiaux (23,6%), de l'analphabétisme des parents et des tuteurs (61,8%), du contexte familial (monoparentalité) (47.3%), la pandémie du VIH et du sida (40%), le brassage illicite (29,1%), la mauvaise situation économique de la plupart des familles (43,6%), les abus sexuels sur les jeunes enfants (25,5%), l'éloignement de l'école (34,5%), le manque de motivation des parents (50,9%), le travail des enfants (baby-sitting et gardiennage) (21,8%) et l'inscription tardive (45,5%).

Les résultats des entretiens ont également montré que la prévalence de la pauvreté dans la communauté, qui se traduit par un manque de besoins de base dans la plupart des foyers (logement, vêtements et nourriture), affecte le développement mental de l'enfant. L'inscription tardive dans la plupart des écoles, en particulier après l'introduction de la FPE, où la plupart des parents préfèrent que leurs enfants entrent dans la première classe sans passer par le développement du jeune enfant, le travail des enfants, qui consiste à garder les enfants, à les faire paître et à leur confier d'autres tâches domestiques, sont toujours dominants dans le district de Keiyo, ce qui, en l'occurrence, a eu une influence négative sur la transition.

5.3 Conclusions

Cette étude a révélé qu'il existait plusieurs services situationnels fournis dans les écoles qui visaient à favoriser une transition en douceur du développement de la petite enfance à l'école primaire. Il s'agit notamment de l'assainissement, de l'eau potable, des services de santé, du suivi de la croissance, de la nutrition et de l'éducation. On s'est toutefois rendu compte que même si ces services étaient essentiels, certains étaient encore inadéquats. On peut également conclure que le programme d'études a eu un effet sur la préparation des enfants à la transition entre le développement du jeune enfant et l'école primaire. En d'autres termes, le contenu du développement du jeune enfant est plus restreint ; le contenu de l'enseignement primaire est surchargé et ne permet pas une coordination suffisante, ce qui ralentit le processus de préparation. Les approches pédagogiques dans le primaire étaient centrées sur l'enseignant et éloignaient donc l'enfant de l'apprentissage, ce qui interférait également avec la préparation à la transition. Le temps alloué au primaire pour couvrir le contenu n'était pas suffisant pour permettre aux enfants de couvrir les sujets prévus pour la classe donnée, l'éducation physique en première année n'était pas un sujet d'examen et, par conséquent, il y avait un manque de sérieux dans le sujet, ce qui entraînait un faible développement des compétences psychomotrices.

Les pratiques actuelles sont inadéquates dans la plupart des écoles, ce qui empêche les enfants de se préparer à passer de l'éducation et de la formation de base à l'école primaire. Il s'agit notamment de l'apprentissage assisté par ordinateur, du système de plantation d'arbres, des réservoirs pour le lavage des mains, de l'orientation et du conseil, des pratiques des clubs de santé, des pratiques du co-programme, de l'apprentissage de l'utilisation des toilettes et de la sensibilisation au VIH et au sida.

Les résultats de l'étude permettent également de conclure que divers facteurs environnementaux externes influencent le passage en douceur du développement de la petite enfance à l'école primaire. Il s'agit notamment du faible degré de lien et d'interaction entre les enseignants du DPE et les parents sur la préparation des enfants, de l'insuffisance et de l'inadéquation des installations physiques à la maison, des différentes perceptions de la préparation à l'école par les parents, du stress lié à l'environnement familial entraînant un absentéisme fréquent, du niveau d'éducation des parents influençant les résultats scolaires et la préparation des apprenants, de l'insuffisance de la nourriture à la maison, de l'absence d'un environnement familial propice au jeu et à l'étude pour faciliter la préparation et d'une mauvaise alimentation pour permettre la croissance et le développement.

Comme la plupart des personnes interrogées avaient une longue expérience, on a supposé qu'elles avaient une riche expérience de la supervision de la transition des enfants.

5.4 Recommandations

i) Il devrait y avoir un degré élevé d'interaction entre les enseignants du DPE et les parents sur la préparation des enfants afin d'améliorer la transition.

ii) Les programmes de l'éducation et de la formation de base des adultes et de l'enseignement primaire devraient être harmonisés afin d'améliorer la transition.

iii) Il convient de veiller à ce qu'il y ait suffisamment de matériel de jeu à l'intérieur et à l'extérieur. Cela s'explique par leur rôle précieux dans l'amélioration de la transition entre l'éducation et la formation tout au long de la vie et l'enseignement primaire.

iv) Les études environnementales devraient être rendues obligatoires dans toutes les écoles afin de faciliter l'adéquation des pratiques actuelles de préparation à la transition des enfants du développement de la petite enfance à l'école primaire.

v) Étant donné que la plupart des enseignants avaient un niveau d'éducation de type certificat, il est nécessaire de les encourager à poursuivre leurs études afin de favoriser la transition des enfants.

vi) Les écoles primaires inférieures et les centres de la petite enfance devraient disposer d'eau dans leurs salles de classe, car cela permet à l'enfant d'apprendre des concepts scientifiques et de favoriser une bonne hygiène dans les écoles.

vii) Les enseignants masculins devraient être encouragés à suivre des cours de développement du jeune enfant, car ils jouent également un rôle important dans la préparation à la transition des enfants.

5.5 Recommandations pour d'autres études

i) Une étude similaire devrait être menée dans un autre district afin de permettre une comparaison.

ii) Facteurs influençant la préparation des enfants à l'éducation et à la formation tout au long de la vie (ECDE) pour le passage de la maison à l'éducation au développement de la petite enfance.

iii) Les facteurs influençant la préparation des enfants au passage de l'école primaire à l'école secondaire devraient également faire l'objet de recherches.

RÉFÉRENCES

Arnold, C. (2004) "Positioning ECCD in the 21st century", *Coordinators' Notebook*, no. 28, Toronto, The Consultative Group on Early Childhood Care and Development.

Arnold, C., Bartlett, K., *Gowani*, S. et Merali, R. (2006) "Is everybody ready ? Readiness, transition and continuity : reflections and moving forward, document de référence pour le *Rapport mondial de suivi sur l'EPT 2007*, Paris, UNESCO.

Association pour le développement de l'éducation en Afrique (ADEA) (2007) en ligne.

Ahmed, Akhter (2004) *Impact of Feeding Children in School : Evidence from Bangladesh*, Institut international de recherche sur les politiques alimentaires : Washington DC

Bailey D (1999) Foreword. Dans Pianta R C & Cox M J (eds) *The Transition to Kindergarten*. Maryland : Paul H Brookes Publishing Co.

Barnett, W.S, Schulman, K. et Shore, R. (2004) *Class Size : What's the best fit ?* New Brunswick, NJ, National Institute for Early Education Research (NIEER) at Rutgers University.

Barnett, W.S, Schulman, K. et Shore, R. (2004) *Class Size : What's the best fit ?* New Brunswick, NJ, National Institute for Early Education Research (NIEER) at Rutgers University.

Barnett, W.S. et Boocock, S.S. (eds) (1998) *Early Care and Education for Children in Poverty* : Promises, programs, and long-term results, Albany, NY, SUNY Press.

Bennett, J. (2006) "Schoolifying" Early Childhood *Education and Care : Accompagner le préscolaire dans l'éducation*, conférence publique à l'Institut de l'éducation, Université de Londres, 10 mai 2006.

Bennett, J. (2006) "Schoolifying" Early Childhood *Education and Care : Accompagner le préscolaire dans l'éducation*, conférence publique à l'Institut de l'éducation, Université de Londres, 10 mai 2006.

Blatchford, P., Goldstein, H., Martin, C. et Browne, W. (2002) "A study of class size effects in English school reception year classes", *British Educational Research Journal*, vol. 28, no. 2, pp.171-87.

Bredekamp S & Copple C (Eds) (1997) *Developmentally Appropriate Practice in Early Childhood Programs*. Édition révisée. Washington : NAEYC

Brostrom S (2000) *Communication and Continuity in the Transition from Kindergarten to School in Denmark*. Document présenté à la 10e conférence européenne de l'EECERA sur la qualité de l'éducation de la petite enfance, Université de Londres, 29 août-1er septembre 20oO.

Brostrom S (2002) *Communication and Continuity in the Transition from Kindergarten to* School. Dans Fabian H & Dunlop A-W (Eds) Transitions in the Early Years : Debating Continuity and Progression for Children in Early Education. Londres : RoutledgeFalmer

Campbell, F.A. et Ramey, C.T. (1994) "*Effects of early intervention on intellectual and academic achievement : a follow-up study of children from low- income families"*, Child Development, vol. 65, pp. 684-98.

Clark, C, R Martin, E van Kempen, T Alfred (2006) "*Exposure-effect relations between aircraft and road traffic c noise exposure at school and reading comprehension - The RANCH project"*, American Journal of Epidemiology 163(1) 27-37

Dahlberg, G. et Lenz Taguchi, H. (1994) *Förskola och Skola - Tva skilda traditioner och visionen om en mötesplats* (L'école maternelle et l'école - Deux traditions différentes et la vision d'une rencontre), Stockholm, HLS Förlag.

Dunlop A-W & Fabians' H (2003) (Editorial) Transitions*, European Early Childhood Education Research Journal*, Themed Monograph Series No1, 2003.

Dunlop, A. et Fabian, H. (eds) (2006) *Informing Transitions in the Early Years*, Maidenhead, Open University Press.

Edwards, C., Gandini, L. et Forman, G. (eds) (1995) *The Hundred Languages of Children* : The Reggio Emilia approach to early childhood education, Norward, NJ, Ablex Publishing Corporation.

Edgar, D(1986) Family Background and Transition to School. *Primary Education, 17(4)16-21*

Engle, P.L., Black, M.M., Behrman, J.R., Cabral de Mello, M., Gertler, P.J., Kapiriri, L. et al. (2007)

"*Strategies to avoid the loss of developmental potential in more than 200 million children in the developing world*| Lancet, vol. 369, no. 9557, pp. 229-42.
Engle, P.L., Black, M.M., Behrman, J.R., Cabral de Mello, M., Gertler, P.J., Kapiriri, L. et al. (2007) "*Strategies to avoid the loss of developmental potential in more than 200 million children in the developing world*", Lancet, vol. 369, no. 9557, pp. 229-42.
Entwisle D R & Alexander K L (1999) *Early Schooling and Social Stratification*, in Pianta RC & Cox M J (Eds) *The Transition to Kindergarten*. Maryland : Paul H Brookes Publishing
Evans, N.J., Forney, D.S., & Guido-DiBrito, F. (1998). *Student development in college* : Theory, research, and practice. San Francisco : Jossey-Bass.
Evans, GW (2006). "*Développement de l'enfant et environnement physique*".
Annual Review of Psychology 57 : 423-451 ;
Fabian H & Dunlop A-W (2002) *Transitions in the Early Years : Debating Continuity and Progression for Children in Early Education*. Londres : RoutledgeFalmer
Fouracres(1993)*pupils expectations of transition from primary to secondary : research in education p53*. Conseil écossais pour la recherche en éducation.
Fuller, Bruce ; Lucia Dellagnelo ; Annelie Strath ; Eni Santana Barretto Bastos ; Mauricio Holanda Maia ; Kelma Socorro Lopes de Matos ; Adélia Luiza Portela ; Sofi a Lerche Vieira (1999) "*How to Raise Children S Early Literacy ? The Infl uence of Family, Teacher, and Classroom in Northeast Brazil* ", Comparative Education Review 43 (1):1-35.
Fuller, Bruce ; Lucia Dellagnelo ; Annelie Strath ; Eni Santana Barretto Bastos ; Mauricio Holanda Maia ; Kelma Socorro Lopes de Matos ; Adélia Luiza Portela ; Sofi a Lerche Vieira (1999) "*How to Raise Children S Early Literacy ? The Infl uence of*
Famille, enseignant et salle de classe dans le nord-est du Brésil" , Comparative Education Review
Galton M, Gray J & Rudduck J (1999) *The Impact of School Transitions and Transfers on Pupil Progress and Attainment*. Research Brief No.131. UK : Ministère de l'éducation et de l'emploi.
Germeten, S. (1999) 'Nærstudier av fem 1. klasser, skoleâret 1998/99' ("*Études conceptuelles des cinq premières classes de l'année scolaire 1998/99*"·), Rapport partiel 2, évaluation de la réforme 97 Pâ vei mot Ny Grunnskole i Oslo (Vers une nouvelle école polyvalente à Oslo), no. 82-579-0310-8, Oslo, Collège universitaire d'Oslo.
Germeten, S. (1999) 'Nærstudier av fem 1. klasser, skoleâret *1998/99*' ('*Études détaillées des cinq premières classes de l'année scolaire 1998/99*·), Rapport partiel 2, évaluation de la réforme 97 Pâ vei mot Ny Grunnskole i Oslo (Vers une nouvelle école polyvalente à Oslo), no. 82-579-0310-8, Oslo, Collège universitaire d'Oslo.
Grantham-McGregor, S., Cheung, Y.B., Cueto, S., Glewwe, P., Richter, L. et Strupp, B. (2007) "*Developmental potential in the first 5 years for children in developing countries*", Lancet, vol. 369, pp. 60-70.
Grantham-McGregor, S., Cheung, Y.B., Cueto, S., Glewwe, P., Richter, L. et Strupp, B. (2007) "*Developmental potential in the first 5 years for children in developing countries*", Lancet,vol. 369, pp. 60-70.
Hanushek, EA (1995) "*Interpreting recent research on schooling in developing countries*", The World Bank Research Observer 10(2) 227-246.
Haug, P. (1995) '*Om politsik styring av utdanningsreformer* ("Sur la politique des réformes éducatives"), in Skram, D. (ed.) Det Beste fra Barnehage og Skole - En ny smâskolepedagogikk (Le meilleur du jardin d'enfants et de l'école - une nouvelle pédagogie pour les jeunes enfants), Oslo, Tano.
Haug, P. (2005) *Rammeplan pâ tynt grunnlag'* ("Framework curriculum on a shaky basis"), *Bedre Barnehager Skriftserie* (Better Kindergarten Publication Series), vol. 1, no. 2, pp. 23-35.
Horgan M (1995) *Management of the Junior Infant Curriculum in Irish Primary Schools :* Rhetoric versus Reality. Compare, Vol, 25. No.3.
Britannique
Comparative and International Education Society.http://www.adeanet.org/ (consulté le 14 juin 2007).
Kagan S L & Neumann M J (1999) *Lessons from Three Decades of Transition Research*, the

Elementary School Journal
Kakvoulis A (1994) *Continuity in Early Childhood Education : Transition from Pre-school to School.* International Journal of Early Years Education. Vol2, 1, Kindergarten. Maryland : Paul H Brookes Publishing
Kirpatrick, D (1992) *students perception of transition from primary to secondary school* presented at the Australian Association for Research in Education/ Newzeland for Educational Research joint conference.
Korpi, B.M. (2005) " *The foundation for lifelong learning* ", Children in Europe, vol. 9, pp. 10-11.
Larsen, A.K. (2000) *"Overgang fra barnehage til skole"* ("Transition du jardin d'enfants à l'école"), in Haugen, R. (ed.) *Barn og Unges Læringsmilj0 : Fra enkeltindivid til medlem av et flerkulturelt fellesskap* (Environnement d'apprentissage des enfants et des jeunes : From individual to multicultural community), Kristiansand, H0yskoleforlaget.
Larsen, A.K. (2000) *"Overgang fra barnehage til skole"* ("Transition du jardin d'enfants à l'école"), in Haugen, R. (ed.) *Barn og Unges Læringsmilj0 : Fra enkeltindivid til medlem av et flerkulturelt fellesskap* (Environnement d'apprentissage des enfants et des jeunes : From individual to multicultural community), Kristiansand, H0yskoleforlaget.
Lewin, K. (2007) *Improving Access, Equity and Transitions in Education, Consortium for Research on Educational Access*, Transitions and Equity, Monograph 1, Lewes, University of Sussex ; également disponible en ligne à l'adresse http://www.create-rpc.org/publications/pathwaystoaccesspapers.shtml(consulté en juillet 2007).
Lewin, K. (2007) *Improving Access, Equity and Transitions in Education, Consortium for Researchon Educational Access, Transitions and Equity,* Monograph 1, Lewes, University of Sussex ; également disponible en ligne à l'adresse http://www.createpc.org/publications/pathwaystoaccesspapers.shtml (consulté en juillet 2007).
Li, Yuen Ling (2004) "*The culture of teaching in the midst of western influence* : the case of Hong Kong kindergartens", Contemporary Issues in Early Childhood, 5(3)330-348 ;
Love J M, Logue E M, Trudeau J V, et Thayer K (1992) *Transitions to Kindergarten in American Schools* : Final Report of the National Transition Study. Portsmouth, N.H. : Département américain de l'éducation.
Lpfö (1998) Laroplan för Förskolan (National Curriculum for Preschool). Stockholm,
Leu, Elizabeth et Alison Price-Rom (2006) *Quality of Education and Teacher Learning :* A Review of the Literature, USAID et EQUIPl
Margetts K (1999) *Transition to School : Looking Forward*. Document présenté à la conférence de l'AECA à Darwin, du 14 au 17 juillet 1999. Extrait du site Internet mondial à l'adresse suivante : www.aeca.org.au/darconfmarg.html
Margetts K (2002a) *Child Care Arrangements, Personal, Family and School Influences on Children's Adjustment to the First Year of Schooling*. Résumé. Extrait du WWW à : http//extranet.edfac.unimelb.edu.au.
Melton G, Limber S, Teague T (1999) *Changing Schools for Changing Families*, in Pianta R C & Cox M J (Eds) *The Transition to Kindergarten Maryland* : Paul H Brookes Publishing
Mingat A et A Jaramillo (2003) *Early Childhood Care and Education in SubSaharan Africa : What would it take to meet the Millennium Development Goals*, Banque mondiale : Washington DC
Moore, Gary T et Jeffrey A Lackney. (1993). "*School Design* : Crisis, *Educational Performance and Design Applications*". Children's Environments 10(2) : 1-22.
Myers R (1997) *Removing Roadblocks to Success : Transitions and Linkages between Home, Preschool and Primary School*. Coordinators' Notebook, No.21. Groupe consultatif sur les soins et le développement de la petite enfance.
Myers, R. et Landers, C. (1989) "*Preparing children for schools and schools for children*| discussion paper for CGECCD, Toronto, CGECCD National Institute of Child Health and Human Development (NICHD) Early Child Care Research.
Myers, R.G. (1992) *The Twelve Who Survive*, Londres, Routledge.
Myers, R.G. (1992). *The Twelve Who Survive*, Londres, Routledge.

Myers, R.G. (1997) "*Removing roadblocks to success* : transitions and linkages between home, preschool and primary school", Coordinators' Notebook, no. 21, Toronto, Consultative Group on Early Childhood Care and Development (CGECCD) Secretariat.
Neuman, M.J. (2005) "*Global early care and education : challenges, responses, and lessons*l PhiDelta Kappa, vol. 87, no. 3, pp. 188-92.
Neuman, M.J. et Peer, S. (2002) *Equal from the Start : Promouvoir l'accès à l'éducation pour tous les enfants d'âge préscolaire - apprendre de l'expérience française*, New York, NY, French-American Foundation.
Neuman, M.J. et Peer, S. (2002) *Equal from the Start : Promouvoir l'accès à l'éducation pour tous les enfants d'âge préscolaire - apprendre de l'expérience française*, New York, NY, French-American Foundation.
Ngaruiya, S. *Document de recherche de thèse 2004*, université de Victoria
OCDE (2001) *Starting Strong : Early childhood education and care*, Paris, OCDE.
OCDE (2001) *Starting Strong : Early childhood education and care*, Paris, OCDE.
OCDE (2006a) *Starting Strong II : Early childhood education and car e,* Paris, OCDE.
OCDE (2006a) *Starting Strong II : Early childhood education and care*, Paris, OCDE.
OCDE (2006b) *Regards sur l'éducation : Les indicateurs de l'OCDE* 2006. Paris : OCDE
OCDE (2006b) *Regards sur l'éducation : Les indicateurs de l'OCDE 2006*. Paris : OCDE
Orodho A. J. (2005), *Elements of Education and Social Science Research Methods*. Masola Publishers, Nairobi, Kenya.
Petriwskyj, A., Thorpe, K. et Tayler, C. (2005) "*Trends in construction of transition to school in three western regions, 1990 2004"*, International Journal of Early Years Education, vol. 13, no. 1, pp. 55-69.
PhotographieCouverture - Nizamuddin, Delhi, Inde. École.
Pianta R C & Cox M J (1999) *Preface, in Pianta* R C & Cox M J (Eds) *The Transition to Outbuildings departmental* (Ministry of Education and Science*).*
Pianta R C & Cox M J (1999) *The Changing Nature of the Transition to School* - Trends for the Next Decade, in Pianta R C & Cox M J (Eds) The Transition to Kindergarten Maryland : Paul H Brookes Publishing
Piketty, T. et Valdenaire, M. (2006) "*L'impact de la* taille des classes *sur la réussite scolaire dans les écoles, collèges et lycées français : estimations à partir du panel* primaire 1997 et du panel secondaire 1995", Paris, Ministère de l'Éducation Nationale, de l'Enseignement Supérieur et de la Recherche, Direction de l'Évaluation et de la Prospective.
Ramey S L & Ramey C T (1998) *the Transition to School : Opportunities and Challenges for Children, Families, Educators, and Communities.* The Elementary School Journal, 98, (4).
Ramey S L & Ramey C T (1999) *Beginning School for Children at* Risk in Pianta R C & Cox M J (Eds) *The Transition to Kindergarten.* Maryland : Paul H Brookes Publishing.
Rangachar, G et NV Varghese (1993) *Quality of Primary Schooling in India- A Case Study of Madhya Pradesh.* Paris : Institut international de planification de l'éducation ; New Delhi : Institut national de planification et d'administration de l'éducation ; Fuller, Bruce ; Lucia Dellagnelo ; Annelie Strath ; Eni Santana
Save the Children (2003) *Quelle est la différence ? L'impact des programmes de développement de la petite enfance* : A Study of the Effects for Children, their Families and Communities (L'impact des programmes de développement de la petite enfance : une étude des effets sur les enfants, leurs familles et leurs communautés), Save the Children US et Norvège :
Schlossberg, K.N (1981), *A model for Analyzing Human Adaptation to Transition.* NewYork : Springer Publishing Company.
Schweinhart, L.J. et Weikart, D.P. (1980) *Young Children Grow Up : The effects of the Perry Preschool Program on youths through age 15,* Ypsilanti, MI, High/Scope Press.
Schweinhart, L.J., Montie, J., Xiang, Z., Barnett, W.S., Belfield, C.R. et Nores, M. (2004) "Lifetime effects : the High/Scope Perry Preschool study through age 40', Monographs of the High/Scope Educational Research Foundation, no. 14, Ypsilanti, MI, High/Scope Press.

Shaeffer, S. (2006) " *Formalize the informal or "informalize" the formal : the transition from preschool to primary "*, International Institute for Educational Planning Newsletter, vol. 24, no. 1, p. 7, Paris, UNESCO, Institut international de planification de l'éducation (IIPE).

Shonkoff, J. et Phillips, D. (eds) (2000) *From Neurons to Neighborhoods* : The science of early child development, Washington, DC, National Academy Press.

Tolhurst, Frances (2007) *Teaching and learning in Afghanistan June 2005- June 2007*, Internal programme notes,

UNESCO (2005) *Dossier de plaidoyer sur l'enseignement et l'éducation des filles dans la langue maternelle*. Bangkok, UNESCO.

UNESCO (2006) *Des fondations solides : Éducation et protection de la petite enfance - Rapport mondial de suivi sur l'éducation pour tous 2007*, Paris, UNESCO.

Comité des droits de l'enfant des Nations unies/UNICEF/Fondation Bernard van Leer (2006) *A Guide to General Comment 7 :* Implementing child rights in early childhood, La Haye, Fondation Bernard van Leer.

UNESCO (2005) "Chapitre deux : *L'importance d'une bonne qualité : ce que la recherche nous apprend ",* Rapport mondial de suivi sur l'EPT, Paris : UNESCO

Weikart, D.P. (ed.) (1999) What Should Young Children Learn ? Teacher and parent views in 15 countries, Ypsilanti, MI, High/Scope Press.

Wolery M (1999) *Children with Disabilities in Early Elementary School*, in Pianta R C & Cox M J (Eds) The Transition to Kindergarten Maryland : Paul H Brookes Publishing.

Yeboah D A (2002) *Enhancing Transition from Early Childhood Phase to Primary Education :* Evidence from the Research Literature. Early Years, Vol.22. No.1.

Zigler, E. et Styfco, S.J. (eds) (2004) *The Headstart Debates*, Baltimore, Brookes.

Zill N (1999) *Promoting Education Equity and Excellence in Kindergarten.* Dans Pianta R C & Cox M J (Eds) The Transition to Kindergarten Maryland : Paul H Brookes Publishing

I want morebooks!

Buy your books fast and straightforward online - at one of world's fastest growing online book stores! Environmentally sound due to Print-on-Demand technologies.

Buy your books online at
www.morebooks.shop

Achetez vos livres en ligne, vite et bien, sur l'une des librairies en ligne les plus performantes au monde!
En protégeant nos ressources et notre environnement grâce à l'impression à la demande.

La librairie en ligne pour acheter plus vite
www.morebooks.shop

info@omniscriptum.com
www.omniscriptum.com

OMNIScriptum

www.ingramcontent.com/pod-product-compliance
Ingram Content Group UK Ltd.
Pitfield, Milton Keynes, MK11 3LW, UK
UKHW041935131224
452403UK00001B/160